KB041498

윤리학에 대한 3가지 도전

윤리학에 대한 3가지 도전

환경주의 · 여성주의 · 문화 다원주의

제임스 P. 스터바 지음
배석원 옮김

서광사

이 책은 James P. Sterba의 *Three Challenges to Ethics*
(Oxford University Press, Inc 2001)를 완역한 것이다.

윤리학에 대한 3가지 도전
- 환경주의 · 여성주의 · 문화 다원주의
제임스 P. 스터바 지음
배석원 옮김

펴낸이—김신혁
펴낸곳—서광사
출판등록일—1977. 6. 30.
출판등록번호—제5-34호

(413-756) 경기도 파주시 교하읍 문발리 534-1
대표전화 · (031)955-4331 팩시밀리 · (031)955-4336
전자우편 · phil6161@chollian.net
http://www.seokwangsa.co.kr

제1판 제1쇄 펴낸날 · 2001년 12월 30일
제1판 제3쇄 펴낸날 · 2014년 9월 30일

ISBN 978-89-306-2535-5 93190

옮긴이의 말

시대가 변하고 있다. 변하는 시대 상황에 능동적으로 대처하지 못하면 재앙을 초래할 수 있다. 국제질서가 새롭게 재편되어야 한다는 목소리가 높아지고 있다. 지구촌 시대에 접어들면서 미국 주도의 세계질서에서 벗어나 다양한 주체가 상호 존중하면서 신뢰를 바탕으로 하는 새로운 질서로 바뀌어져야 한다.

힘을 바탕으로 하여 일방적인 예속을 강요하는 질서에는 저항이 있게 마련이다. 그 대표적인 사례가 테러리스트에 의한 뉴욕의 세계무역센터(World Trade Center) 폭파사건이다. 테러리즘은 약자가 강자에 대항하는 하나의 저항 수단이다. 강자가 자기의 이익만을 챙기고 약자와 더불어 살려는 자세를 가지지 않으면, 약자는 자기의 몸을 던져 최후의 발악을 하게 되는 것이다.

그러나 약자가 자신의 힘만으로 강자를 이겨 내는 데는 한계가 있다. 강자가 자신의 이익을 일부 포기하면서 약자와 더불어 공존하려는 적극적인 자세를 가져야 평화로운 질서가 가능할 수 있다. 노예가 인간다움을 자각하고 자기 주장을 하면서 질서가 재편되어 왔다. 이제 어느 누구도 다른 사람을 노예로 부리는 것이 용납되지 않는다. 적어도 자유 민주주의 사회의 이상을 실현하려 한다면 그것이 제도적으로 허용될 수가 없다. 누구나 사람 자격을 인정받고, 대접받는 사회가 우리 모두가 지향하는 이상사회이다.

이 책의 저자 제임스 P. 스터바는 전통윤리학의 여러 가지 입장을 검토, 도덕적 상대주의를 배격하고 도덕은 합리적으로 요구된다며 그 논거를 제시한다. 그는 아리스토텔레스 윤리학이나 공리주의 윤리학, 칸트 윤리학을 검토한 뒤 다른 것들 보다 칸트 윤리학의 입장을 옹호할만한 충분한 이유들이 있다고 주장하며 환경주의·여성주의·문화 다원주의의 문제에 접근하고 있다. 그의 혜안은 우리가 당면한 문제를 풀어 가는 데 도움이 될 수 있을 것이다.

스터바는 유태인을 무차별적으로 학살했던 나치 독일인들을 나무라기 전에 아메리칸 인디언을 멸종시키면서 정복의 역사를 지녔던 영국인[나중에 미국인]의 태도를 들춰내고 있다. 서구 중심의 문화가 지닌 한계를 지적하면서, 아메리칸 인디언의 삶에서 삶의 지혜를 배워야 하며, 공자의 사상에서도 배울 바가 있다고 한다.

서구인들이 그들 중심의 문화에 자족하다가 그 잘못을 깨닫고 세계 문화의 다양성을 인정하며 지혜를 터득하려는 자세를 보면서 우리 자신의 모습을 되돌아보게 된다. 세계 문화의 다양성을 인정하고 그 속에서 더불어 살아가는 질서를 중시해야 할 것이 아닌가? 특정 민족의 문화가 우월하지도 않으며, 열등하지도 않은 것이 아닌가?

우리는 다만 다르다는 이유로 다른 것을 우월하거나 열등한 것으로 바라보는 오류를 범하고 있는 것은 아닌가? 서로 다른 문화의 특성을 인정하고 그것을 통하여 우리 것을 보다 세련되고 가치 있는 것으로 바꾸려는 노력이 필요한 때이다. 그럼에도 불구하고 우리는 삶의 중심에서 우리의 전통을 몰아내고 서구의 것으로 대치하면서 그것을 좋은 것으로 착각하고 있는 것은 아닌가? 참으로 우리다움을 지키는 것이 지구촌 시대를 살아가는 지혜임에도 불구하고, 국제화나 세계화를 부르짖으면서 우리의 것을 송두리째 포기하고, 미국이나 서구의 문화만을 가치가 있는 것으로 보는 잘못을 범하고 있는 것은 아닌가?

여성주의와 관련하여 스터바는 여자를 남자와 평등한 인간으로 대접하는 방식들에 대해 논하고 있다. 그 대등한 인간의 조건을 인정하고 상호 존중하는 삶의 방식을 생각하게 되면 가사노동을 누가 어느 정도 담당하는 것이 남녀 사이에 공정한 것인가? 취업의 기회를 남녀에게 동등하게 부여하는 것이 가지는 의미가 무엇인가? 그 역할을 어떻게 조정하는 것이 정의로운가? 정의의 입장과 보살핌의 입장에 대한 남녀 사이의 태도의 차이를 어떻게 이해할 것인가?

남자의 미덕이나 여자의 미덕이라고 구분하는 것은 정당한가? 양성에 대한 태도의 차이 때문에 여성에게 일방적으로 불리한 것들을 가치가 있는 것으로 규정하고 있지는 않은가? 최근에 여성의 지위 문제를 논하면서 대두되고 있는 호주제 폐지 문제, 직장 내에서 같은 역할을 수행하면서도 단순히 성이 다르다는 이유 때문에 보수에 차등을 두는 문제 등에 대해서는 우리가 개방적인 자세를 가지고 접근할 필요가 있다.

그러나 취업기회의 평등을 논하면서 여성에게 할당제를 제안하는 등 여성 중시의 역차별적인 발상들은 참으로 여성을 제대로 대우하는 것인가? 기회 균등을 기준으로 삼거나 특정한 성을 지녔다는 이유로 차별하지 못하게 제한하는 조치는 환영할만한 일이지만 할당제와 같은 받아들일 수 없는 제도를 함부로 거론하는 정책당국의 발상은 검토되어야 할 것이다.

예를 들어 교직을 선호하는 여성들의 강한 욕구 때문에 교직의 여성화가 가속화되면서 교육대학이나 사범대학 신입생 선발 과정에서 남학생들에게 할당제를 허용하여 여학생들보다 성적이 떨어져도 입학을 허용하려는 발상이 받아들여질 수 없듯이, 최근 대두되는 대학교수의 채용과정에서 능력이 떨어지더라도 여자에게 할당제를 적용하여 능력이 더 많은 남자보다 우선 채용해야 한다는 발상도 결코 받아들여져서는 안 된다. 어느 경우든 공정한 경쟁을 하도록 기회를 열어 두고, 차별하는 경우 그 제재방안을 강구하는 것이 바람직할 것이다.

남성 중심의 제도를 고치는 문제도 여자들만의 투쟁으로 쟁취되기보다는 남자들이 동반자인 여성을 인격체로 대접할 때 비로소 가능한 것이 아닌가? 부부 상호간의 관계에서도 완전한 인격체로 대접하는 관계가 형성되면 양자간의 갈등문제를 풀어 가는 실마리가 잡힐 것이 아닌가? 양육과 교육의 과정에서 상호 존중할 수 있는 태도를 함양하고, 편견 때문에 생겨난 제도를 바로 고쳐 나가려는 노력은 지속적으로 이루어져야 할 것이다.

환경주의의 문제를 다루면서 스터바는 환경보호의 차원을 훨씬 뛰어넘어 심층생태학의 입장에서 논하고 있다. 그는 인간이 다른 종들보다 우월하다는 주장에는 근거가 없다고 주장한다. 종 상호간에 선결문제 요구의 오류를 범하지 않고 어느 종을 다른 종들보다 우월한 존재로 받아들일 논거가 없다면 그들 종 상호간의 이해의 상충을 어떻게 해결할 것인가?

스터바는 생명 중심의 다원론을 받아들이면서 인간과 인간 이외의 자연 사이의 충돌을 해결하기 위하여 적절한 우선권의 원리 내지 충돌 해결의 원리로서 인간방어의 원리, 인간 보존의 원리, 불균형 배제의 원리, 보상의 원리 등을 중시하고 있다. 그의 관점에 동의하게 되면 우리는 동물학대 행위를 자제해야할 뿐만 아니라 인간의 기본적이지 않은 욕구를 충족시키기 위하여 인간 이외의 자연이 지닌 기본적인 욕구를 함부로 좌절시켜서도 안 된다.

따라서 공장식 영농시스템, 인체에 필요한 약을 개발하기 위하여 동물을 실험대상으로 삼는 행위, 단순히 즐기기 위하여 동물을 학대하는 행위 등도 재고되어야 할 것이다. 스터바의 입장을 수용하면 우리는 식물이나 자연물에 대한 태도조차도 재고하여야 한다.

현실문제에 적용하여 살펴보면 자본주의 상황에서 이해관계로 얽혀 있는 사람들이 자발적으로 자신의 이익을 포기하고 다른 사람들이나 전체 종을 대등하게 보고 함께 공존할 길을 모색하기란 쉽지 않은 일이다. 따라서 공존할 수 있는 제도나 규범을 마련하고 엄격하게 그것을 지켜나가려는 의지가 필요하다. 개발이 능사가 아니라 인간다운 삶이 가능하도록 자연을 공존의 기본 조건으로 이해하고 보호하는 것이 필요하다.

나만의 이익을 지키기에 급급하면 이웃을 돌아 볼 여지가 없어진다. 사회가 건전하게 지속되는 이면에는 다수의 건전한 사고가 뒷받침되고 있다. 따라서 기생충이나 독버섯처럼 자라나는 사회악을 공동의 적으로 삼고 발붙이지 못하게 막는 노력이 필요하게 된다. 오늘날 우리 사회의 시민운동이 그 본래의 정신을 살려 간다면 우리 사회는 살만한 사회가 되고, 나아가 살고 싶은 사회로 탈바꿈할 수 있을 것이다.

스터바는 전문 철학자들의 전투적인 철학하기의 한계를 지적하고, 평화적인 철학하기의 방법을 제안하고 있다. 비판을 위한 비판이 아니라 대안을 제시하며 한 단계 성숙한 자세를 지향하고 있다. 이러한 철학하기의 방법은 우리 일상인에게도 필요한 것이다. "우리"라는 공동체 의식이 살아 있으면 내 것만을 고집할 수 없게 된다. 가정과 소집단, 사회나 국가의 경우에도 마찬가지이다.

수단과 방법을 가리지 않고 독점적인 지위를 누리기 위하여 정치적인 야욕을 채우려는 무리들 때문에 사회 곳곳에서 신음소리가 들리고 있는 것이 아닌가? 정치계는 말할 것도 없고, 관료사회에서도, 학계에서도, 일상 생활에서도 이전투구하는 모습만으로는 공존의 질서를 기대할 수 없다. 한 단계 성숙한 자세가 필요하다. 가정에서 부부 상호간에, 형제자매간에 역할의 분담이 필요하고, 사회에서도 내 것만을 챙기려는 태도에서 벗어나 이웃에 관심을 기울일 때 나의 삶이 가치가 있고 풍요로워질 수 있는 것이다.

우리가 현재 당면한 문제들의 해결방식에 관심을 지닌 독자들이 이 책을 읽으면 새로운 안목을 가질 수 있게 될 것이다. 무엇보다 자신의 정체성을 확립하고, 우리 문화에 대한 애정을 되살리며, 동반자인 여성들을 완전한 인격체로 대우하면서 제도적인 잘못을 시정하려는 노력을 기울이는 한편, 인간 중심의 편견에서 벗

11

어나 생태계에 대한 태도를 정립하고 개발 위주의 잘못에서 벗어나 미래 세대를 염려하는 정책에 관심을 가지게 될 것이다.

마지막으로 이 책의 번역이 가능하도록 대학원 윤리학 세미나에서 토론에 참여하였던 김영선, 진종부, 표주학, 최재성, 이수진, 강소영 등 학생들과 이 책의 출판에 흔쾌히 동의하고 지속적인 관심을 보인 서광사 대표 김신혁 님과 그 가족들, 그리고 이 책이 이러한 모습을 갖출 수 있도록 세심한 배려를 아끼지 않은 편집부의 고은경 님에게 고마움을 전한다.

2002년을 눈앞에 두고
가좌동 연구실에서 배석원

차 례

서문

이 책에서 내가 주장하는 것은 전통윤리학이 이미 환경주의, 여성주의 및 문화 다원주의로부터 오는 세 가지 중요한 도전에 감연히 맞서고 있다는 점이다. 이러한 도전을 해결하지 못하게 되면 전통윤리학은 그것이 인정하는 문제들을 다룸에 있어서 아무리 성공적이라 하더라도 아직까지 다음과 같은 가능성을 다루지 못하게 된다. 즉 그 문제들에 대한 해결책이 인간 중심의 편견, 남성 중심의 편견과 서구 문화 중심의 편견에 빠질 가능성을 다루지 못하게 된다. 이러한 도전을 다루지 못하게 되면 명백히 전통윤리학의 정당성이 의문시된다. 따라서 전통윤리학의 정당성에 관심을 가지는 사람들은 이러한 도전이 해결될 수 있는 방법을 결정하려 시도하는 것 외에 다른 어떠한 대안도 찾을 수 없다. 이것이 내가 이 책에서 행하고자 하는 것이다.

이 책을 저술하면서 나는 많은 사람들의 논평을 통해 도움을 받았다. 특히 노트르담 대학교의 나의 동료인 오코너(David O' Connor), 퀸(Philip Quinn), 쉬라더-프레쉐테(Kristin Shrader-Frechette), 솔로몬(David Solomon)과 바이트만(Paul Weithman)에게 감사를 표시하고 싶다. 나는 또한 남아프리카 케이프 타운 대학교의 베나타르(David Benatar), 켄터키 대학교의 캘러한(Joan Callahan), 성 존 대학의 데자르뎅(Joseph DesJardins), 다트머스 대학의 게르트(Bernard Gert), 로스앤젤레스 소재 캘리포니아 대학교의 하딩(Sandra Harding), 뉴욕 시립 대학교의 헬드(Virginia Held), 콜로라도 대학교의 재거(Alison Jaggar), 플로리다 주립 대학교의 모랄스(Maria Morales), 남아프리카 비트워터스트랜드 대학교의 펜로스(Brian Penrose)와 펜들베리(Michael Pendlebury), 암스테르담 자유 대학교의 로저(Sabine Roser), 뉴햄프셔 대학교의 샘플(Ruth Sample), 캘리포니아 폴리테크닉 주립 대학교의 쉬라게(Laurie Shrage), 다트머스 대학의 시노트-암스트롱(Walter Sinnott-Armstrong), 샌프란시스코 주립 대학교의 와런(Mary Ann Warren), 마카레스터 대학의 와런(Karen Warren), 스프링필드 소재 일리노이 대학교의 웬즈(Peter Wenz)와 특히 나의 파트너이자 동료 철학자인 쿠라니(Janet Kourany)에게 고마움을 전한다. 나는 또한 이전에 출판된 저서를 인용하도록 허락해준 《윤리학》(*Ethics*), 《환경윤리학》(*Environmental Ethics*)의 편집자 및 캠브리지 대학교 출판부와 재정적으로 도와 준 노트르담 대학교에도 감사드린다.

제1장 서론

전통윤리학

전통윤리학은 수많은 다양성을 인정한다. 전통윤리학에 종사하는 사람들 중 일부는 주관주의자와 상대주의자이며, 다른 사람들은 객관주의자와 보편주의자이다. 일부의 사람들은 도덕에서 합리성이 필수적이라는 점을 보여 주고자 노력하며, 다른 사람들은 도덕이란 그저 합리적일 수 있다는 것을 보여 주는 데 만족한다. 그러나 이 후자의 입장에 따르면 이기주의와 무도덕성(amorality)도 합리적일수 있다는 것을 간과하게 된다. 전통윤리학에 종사하는 사람들 중에는 우리가 덕스러운 생활을 하기를 바라는 아리스토텔레스주의자들, 우리가 의무를 행하기를 바라는 칸트주의자들과 우리가 유용성을 극대화하기를 바라는 공리주의자들이 있다.

전통윤리학은 그것이 인정하는 중심 문제의 해결책의 범위에 대한 다양성과 개방성에도 불구하고, 여전히 세 가지 중요한 도전에 감연히 맞서야 한다. 이 도전은 환경주의[1], 여성주의[2], 문화 다

---

1) 환경주의는 environmentalism을 번역한 것이다. 저자는 환경주의를 주 3)에서 특이한 의미로 사용하고 있음을 밝히고 있다. 그것을 참조하라(옮긴이 주).
2) 여성주의는 feminism을 번역한 것이다. 학계에서 여성주의와 페미니즘을 혼용하고 있으나, 굳이 페미니즘으로 쓰지 않아도 그 의미가 전달될 수 있다고

18

원주의에서 유래하는 것이다.

1. 환경주의는 윤리학에 인간 중심의 편견이 있다고 주장하며 그것을 교정하는 방법을 보이기를 꾀한다.[3]
2. 여성주의는 윤리학에 남성 중심의 편견이 있다고 주장하며 그것을 교정하는 방법을 보이기를 꾀한다.
3. 문화 다원주의는 윤리학에 서구 중심의 편견이 있다고 주장하며 그것을 교정하는 방법을 보이기를 꾀한다.

전통윤리학이 지금까지 이러한 도전에 주의를 기울이지 않았다는 것은 그것이 인정해 온 문제들을 다룸에 있어 아무리 성공적이었다 하더라도 여전히 이 문제들에 대한 해결책이 인간 중심의 편견, 남성 중심의 편견, 서구 문화 중심의 편견에 사로잡혀 있을 가능성을 다루지 못했다는 것을 뜻한다. 이러한 도전을 다루지 못하게 되면 의심할 여지없이 전통윤리학의 정당성이 의문시된다. 따

생각하여 여성주의로 번역하였다(옮긴이 주).
3) 나는 여기서 "환경주의"를 다소 특이한 방식으로 사용하고 있다. 사람들은 이 용어가 자연환경이 보호되어야 하고 그 파괴와 오염이 예방되어야 한다는 견해를 나타낸다고 생각할 수 있다. 그러나 내가 이 용어를 사용하고 있듯이, 이 견해는 또한 적어도 인간 이외의 어떤 생물이 단지 인간의 복지를 위한 수단으로서가 아니라 자기의 권리로 중시되어야 한다는 것을 긍정한다. 유감스럽게도 그런 일반적인 명시적 의미를 지니면서 현재 통용되고 있는 용어가 없다. 동물해방, 대지의 윤리, 생명중심주의, 심층생태학 등은 모두 내가 사용하는 환경주의라는 용어의 다른 표현이다. 더구나 인간 이외의 생물을 수단 이외의 방식으로 중시하지 못하는 것은 인간 중심의 편견에 사로잡혀 있다는 것이며, 내가 사용하듯 환경주의는 이 편견이 전통윤리학에 두루 퍼져 있다고 주장한다.

라서 전통윤리학의 정당성에 관심을 가지는 사람들은 이러한 도전이 해결될 수 있는 방법을 결정하려 시도하는 것 외에 다른 어떠한 대안도 찾을 수 없다. 이러한 도전을 다룰 무대를 마련하기 위하여 나는 이 제1장에서 전통윤리학의 세 가지 주요한 문제를 고찰하고자 한다. 즉 상대주의의 문제(도덕은 상대적인가?), 합리성의 문제(도덕에서 합리성이 필수적인가?)와 실천적 요구사항의 문제(도덕은 무엇을 요구하는가?)이다. 이 문제들 각각에 대한 해결책을 제공함으로써 나는 전통윤리학에 환경주의, 여성주의 및 문화 다원주의의 도전을 다룰 충분한 수단이 있다는 것을 밝히고자 한다. 나는 다음 장들에서 이러한 각각의 도전을 차례로 다룰 것이다.

상대주의의 문제: 도덕은 상대적인가?

많은 사람들은 도덕이란 견해상의 문제이며, 우리가 비슷한 처지에 있더라도 당신에게 옳은 것이 나에게 그른 것일 수 있다고 생각한다. 그런 사람들은 도덕적 상대주의자이다. 그들은 자신들의 견해가 어떤 특정한 사회 안에 존재하는 도덕적 견해의 차이에 의해서 뿐만 아니라 다른 사회들에서 주장되는 도덕적 견해의 다양성에 의해서 충분히 입증될 수 있다고 본다. 내가 사는 미국에서도 임신중절, 복지, 동성애, 인도주의적 간섭과 같은 문제들에 대하여 근본적으로 견해의 차이가 있다. 게다가 이러한 견해의 차이도 내가 사는 사회가 유아살해, 일부다처제 및 식인풍습을 묵인하는 다른 사회들과 비교될 때는 흥미를 잃는 듯하다.

  그럼에도 불구하고 도덕적 상대주의자는 이러한 도덕적 다양성
으로부터 지지를 끌어내기 위하여 동일한 행위가 동시에 옳으면
서 그를 수 있다―한 사회, 단체, 혹은 개인에 대해서는 옳으면서
다른 어떤 사회, 단체, 혹은 개인에 대해서는 그르다―는 것을 보
여 줄 수 있어야 한다. 그러나 자주 한 사회, 단체, 혹은 개인이 비
난하는 행위는 또 하나의 사회, 단체, 혹은 개인이 시인하는 것과
똑같은 행위가 아니다. 예를 들면, 에스키모인들이 시인하는 자발
적인 안락사(그들은 안락사를 노인이 보다 행복하다고 생각되는
상태로 옮겨가는 것으로 받아들인다)는 미국의사협회가 반대하는
안락사(미국의사협회는 보다 행복한 사후의 생활을 가정하지 않
는다)와는 상당히 다르다.[4] 마찬가지로, 누에르 족들이 기형으로
태어난 유아를 강물에 조용히 놓을 때(그들은 그런 유아를 우연히
인간으로 태어난 아기 하마로 믿기 때문에), 그들의 행위는 대부
분의 사람들이 비난하는 유아살해와는 상당히 다르다.[5] 임신중절
의 경우조차도 일부의 사람들이 옳다(허용될 수 있다)고 판단하는
것과 다른 사람들이 그르다(허용될 수 없다)고 판단하는 것은 사
람들이 태아의 도덕적 지위에 대해 주장하는 견해가 다르기 때문
에 똑같은 행위로 생각되지 않는 것 같다. 임신중절을 반대하는
사람들은 통상적으로 태아가 당신이나 나와 똑같은 생명권을 지
닌, 자격을 제대로 갖춘 인격체라고 주장한다. 한편 임신중절을 옹

---

4) Knud Rasmussen, *The People of the Polar North*(London: Kegan Paul,
   1908), pp. 106ff.; Peter Freuchen, *Book of the Eskimos*(New York: World
   Publishing Company, 1961), 193~206면을 보라. 그리고 Hans Reusch, *Top
   of the World*(New York: Pocket Books, 1951), 123~126면을 참조하라.
5) Mary Douglas, *Purity and Danger*(London: Praeger, 1966), 39면을 보라.

호하는 사람들은 통상적으로 태아에게 이러한 지위를 인정하지 않는다.[6]

똑같은 행위가 비교될 때에도 그 행위가 어떤 사람이 행하기에 옳은 것이기 위해서는 그 사람이 가장 잘 심사 숙고하여 그 행위가 옳다고 판단할 수 있어야 한다. (중세 시대에 발암 물질을 피하는 것처럼) 사람들이 최선의 판단을 할 수 없는 행위는 도덕적으로 옳을 수 있는 행위가 아니다. 왜냐하면 도덕성은 어떤 접근성[7]을 요구하기 때문이다. 따라서 우리가 사람들의 도덕적 판단을 그렇게 판단한 정황에서 평가할 때 그 판단이 때로는 그들이 도덕적으로 옳은 판단을 할 수 없는 경우에 행한 판단일 수도 있다. 만약 그렇다면 그들의 판단은 우리 자신의 판단과 적절하게 충돌하지 않게 될 것이다. 심지어 그들이 생각하기에 옳은 것이 우리가 생각하기에 옳은 것이 아닌 경우에도 그렇다—예를 들어 의료 수술에 있어서 청결의 필요에서처럼.

물론 이것이 우리가 생각하기에, 우리가 행하기에 옳은 것이 필연적으로 우리가 행하기에 옳다고 제안하는 것은 아니다. 어쨌든 우리는 잘못될 수가 있는 것이다. 그것은 만약 우리가 도덕적으로

---

6) 그러나 태아에게 인격체라는 지위를 인정하지 않는 사람들조차도 여전히 많은 사례에서 임신중절을 금해야 한다고 설명하고 있다. 나의 "Abortion and the Rights of Distant Peoples and Future Generations", *The Journal of Philosophy* 77(1980), 424~440면; *How to Make People Just*(Totowa: Rowman and Littlefield, 1988) and "Response to Nine Commentators", *The Journal of Social Philosophy* 22(1991), 100~118면을 보라.

7) 이것이 중세 시대에 발암 물질을 피하는 것이 좋은 일이었을 수 있다는 것을 부인하려는 것은 아니다: 그것은 오직 발암 물질의 개념이 없이는 그렇게 할 어떤 도덕적 요구도 있을 수 없었다는 것을 의미할 뿐이다.

심사 숙고할 수 있는 도덕적 행위자라면 행하기에 옳은 것과 행하기에 옳다고 생각하는 것 사이의 불일치가 우리에게 허용된 기회에 관해서는 가장 잘 심사 숙고하지 못한 과거 혹은 현재의 잘못에 의해 설명되어야 한다고 제안하려는 것일 뿐이다. 우리가 어떤 일을 행하는 것이 옳다고 말하는 것이 의미가 있으려면, 그 사실에 대한 지식에 어쨌든 우리가 접할 수 있어야 하며, 행하기에 옳은 것과 생각하기에 옳은 것 사이의 불일치가 어떻게 해서든지 우리가 현명하게 심사 숙고하지 못한 잘못에로 추적될 수 있어야 한다.[8] 결국 도덕적 상대주의가 현존하는 도덕적 다양성으로부터 지지를 이끌어 내기 위하여, 똑같은 행위가 가장 잘 도덕적으로 판단하는 일부의 사람들에 의해 옳다고 판단되고, 동시에 가장 잘 도덕적으로 판단하는 다른 사람들에 의해 그르다고 판단될 정도로 사람들이 충분히 도덕적으로 심사 숙고할 수 있는 행위가 있어야 한다.

그러나 이것조차도 충분하지 않다. 도덕적 상대주의는 또한 우리에게 도덕이 무엇에 대해 상대적이라고 생각되는가를 말할 수 있어야 한다.[9] 도덕은 어떤 사회의 공통적인 신념에 상대적이어야 하는가, 보다 작은 집단의 공통적인 신념에 상대적이어야 하는가, 오직 어떤 개인의 신념에 상대적인가, 혹은 이것들 가운데 어느

---

8) 이 요구사항에 대해서 더 알고자 하면, 나의 *Contemporary Social and Political Philosophy*(Belmont: Wadsworth, 1995), 2~5면을 보라. 이 요구사항이 특수한 상황에서 의무와 일치하는 칸트의 행위 개념을 반드시 모든 도덕적 행위자는 아니지만 어떤 도덕 행위자가 그러한 상황에서 행할 의무를 가지는 행위로 설명하는 것을 필요로 한다는 것이 또한 지적되어야 한다.

9) W. T. Stace, *The Concept of Morals*(New York: Macmillan, 1937), 제1장과 제2장을 보라.

것에 상대적일 수 있는가? 만약 도덕이 이것들 가운데 어느 것에 상대적일 수 있다면 어떤 행동(예를 들어, 청부살인)은 어떤 특정한 사회의 관점에서는 그를 수 있고 그 사회의 어떤 하위 단체(예를 들어, 마피아 집단)의 관점에서는 옳을 수 있으며, 다시 그 사회나 하위 단체의 어떤 특정한 구성원의 관점에서는 그를 수 있다. 그러나 이것이 사실이라면 개인들은 모든 것을 고려하더라도 그들이 무엇을 행해야 하는가를 결정할 어떤 합리적 근거도 가질 수 없게 된다.[10]

이제 특정의 준거집단(準據集團, 예를 들어 자기 자신이 속한 사회의 준거집단)이 보다 바람직하다고 가정하더라도 문제는 남는다. 첫째로, 무엇을 할 것인가를 결정함에 있어 우리는 단지 우리의 특유한 준거집단의 구성원들이 생각하기에 무엇이 행해져야 하는가를 물어야 하는가? 그러나 만약 우리의 준거집단에 속한 모든 사람이 그렇게 생각한다면 우리는 모두 우리를 제외한 모든 사람들이 결정하기를 기다려야 할 것이고, 따라서 어느 누구도 무엇을 해야 하는가를 결정하지 못하게 될 것이다. 그렇지 않으면 우리는 도덕적 상대주의를 우리의 준거집단의 구성원들이 먼저 다른 어떤 근거에서 무엇이 옳은가를 결정하고 그 다음에 투표를 하도록 요구하는 이차적인 이론이라고 해석해야 할 것이다. 만약 모

---

10) 도덕적 상대주의자가 도덕이 무엇에 대하여 상대적인가를 상술하면서 직면하는 이 문제들은 도덕적 상대주의의 반대자가 도덕이 누구의 이익을 고려해야 하는가를 상술하면서 직면하는 문제들과 비슷하다. 예를 들면, 도덕은 오직 모든 인간의 이익만을 고려해야 하는가? 혹은 보다 넓게 모든 감각 능력이 있는 존재들의 이익을 고려해야 하는가? 혹은 더욱더 넓게 모든 생물의 이익을 고려해야 하는가? 제2장에서 우리는 도덕적 상대주의의 반대자가 이 비슷한 문제들을 어떻게 다루어야 하는가를 논의하게 될 것이다.

든 것이 고려되면서 그런 투표에서 다수이거나 일치가 이루어지면 그것이 옳은 것이다. 이렇게 해석되면 "도덕적 상대주의"는 집단적 의사 결정의 이론으로서 약간의 장점을 가지게 될 것이다. 그러나 명백히 제1차적 도덕적 판단을 위해 도덕적 상대주의는 여전히 결정되어야 할 상대주의와 관계가 없는 근거를 필요로 한다. 따라서 도덕적 상대주의는 본질적으로 전혀 상대주의자의 이론이 될 수가 없게 된다.

둘째로, 도덕이 상대주의적으로 규정되어야 한다는 바로 그 주장은 그 자체로 상대주의의 주장이 아니다. 오히려 그것은 모든 시대와 장소에 대해서 진리이기를 주장한다. 그러나 이것이 어떻게 가능할 수 있는가? 상대주의의 진리 그 자체가 상대주의의 주장으로서 주장될 수 있는가? 우리는 도덕적 판단이 상대주의적이라 할지라도 도덕적 상대주의의 명제는 그 자체가 도덕적 주장이 아니며, 따라서 상대주의적일 필요가 없다고 주장할 수 있다. 그러나 진리가 상대주의적이 아니라면 왜 우리가 선(善)이 상대주의적이라고 생각해야 하는가?

요컨대, 도덕적 판단의 근거로서의 도덕적 상대주의는 수많은 어려움에 직면한다. 첫째, 도덕적 상대주의자들은 현존하는 도덕적 다양성 중에 모든 사람이 그들의 최선의 도덕적 고려를 따를 때 똑같은 행위가 일부의 사람들에 의해서는 옳다고 판단되고 다른 사람들에 의해서는 그르다고 판단될 정도로 사람들이 충분히 도덕적으로 고려할 수 있는 행위들이 있다는 것을 설명하기가 어렵다. 둘째, 도덕적 상대주의자들은 그 집단으로부터 도덕이 결정될 수 있는 특유한 준거집단을 상술하는 것이 어렵다. 셋째, 그 특유한 준거집단이 결정될 수 있다고 가정하더라도 도덕적 상대주의자들은 왜 그들의 이론이 상대주의와 관계가 없는, 제1차적 도덕적 판단에 대한 평가에 관련되지 않는가를 설명하기가 어렵다. 마지막으로, 도덕적 상대주의자들은 왜 그들이 상대주의와 관계가 없는, 진리에 대한 평가에 관련되는가를 설명하기가 어렵다.

그럼에도 불구하고 이러한 난점들이 명백히 도덕적 상대주의를 받아들이기 어려운 이론이 되게 하는 동시에, 상대주의와 관계가 없는, 도덕에 대한 보다 나은 평가가 없으므로 도덕적 상대주의를 완전히 무효로 하지도 못하고 있다. 그런 평가에서 도덕이 다만 합리적으로 허용되는 것이 아니라 합리적으로 요구된다는 것을 설명하는 것이 도움이 될 수 있을 것이다. 이러한 문제의식은 자연스럽게 내가 제안한 전통윤리학의 두 번째 물음으로 이끌어 준다.

합리성의 문제: 도덕은 합리적으로 요구되는가?

도덕이 합리적으로 요구된다는 것을 밝히는 데 주요한 장애물은 윤리학적 이기주의이다. 윤리학적 이기주의는 자기 이익에 대해 도덕의 우선권을 부인한다. 기본적으로, 윤리학적 이기주의는 두 가지 형태를 취한다. 즉 개인적 윤리학적 이기주의와 보편적 윤리학적 이기주의이다. 개인적 윤리학적 이기주의의 기본 원리는 다음과 같다:

모든 사람은 오직 한 사람의 특정한 개인의 총체적인 자기 이익이 되는 것을 행해야 한다.

보편적 윤리학적 이기주의의 기본 원리는 다음과 같다.

모든 사람은 그의[혹은 그녀의] 총체적인 자기 이익이 되는 것을 행해야 한다.

명백히, 이 두 가지 형태의 이기주의의 실천적인 요구사항들은 도덕의 실천적인 요구사항들과 상충된다. 그렇다면 우리는 도덕의 실천적 요구사항들이 합리적으로 이기주의의 요구사항들보다 우선한다는 것을 어떻게 설명할 수 있는가?

개인적 윤리학적 이기주의

개인적 윤리학적 이기주의에서는 모든 실천적 요구사항들이 오직 한 사람의 특정한 개인의 총체적인 이익에서 비롯되고 있다. 그 개인을 글래디스(Gladys)라고 불러 보자. 개인적 윤리학적 이기주의에 따르면 글래디스의 이익이 실천적 요구사항들을 결정하는 유일한 기초가 되므로, 글래디스 자신의 이익들이 조화를 이룬다고 가정하면 요구사항들이 일치하지 않는 문제는 없을 것이다. 그러나 개인적 윤리학적 이기주의에 있어 주요한 문제는 글래디스의 이익만이 실천적 요구사항들을 결정하는 데 중요하다는 것을 정당화하는 것이다. 개인적 윤리학적 이기주의는 적어도 이러한 견해를 받아들일 이유를 제시해야 한다. 만약 그렇지 않으면 그 이론을 받아들이는 것이 불합리하게 된다. 그러나 어떤 이유가 이 기능을 만족시킬 수 있을 것인가? 글래디스가 다른 사람들과 공유하는 어떤 특성을 인용하는 것만으로는 충분하지 않다는 것

이 명백하다. 왜냐하면 그러한 특성이 글래디스의 이익을 옹호하
는 정당화가 무엇이건 그것은 또한 다른 사람의 이익을 옹호할 수
있을 것이기 때문이다. 셰익스피어의 모든 작품을 암기하는 것과
같은 글래디스의 독특한 특성을 이유로서 인용하는 것도 충분하
지 않을 것이다. 왜냐하면 그러한 특성은 상대적인 요소를 포함하
고 있기 때문이다. 따라서 셰익스피어 작품의 일부나 대부분을 암
기하는 것과 같은, 비슷한 특성을 지닌 다른 사람들도 비록 비례
적으로 보다 낮은 정도의 정당화이긴 하지만, 여전히 그들의 이익
을 옹호할 수 있는 어떤 정당화를 가질 수 있다. 그러나 다시 제
안된 특성이 글래디스의 이익만을 옹호하는 것을 정당화하지 못
한다. 비록 어떤 독특한 상관적인―예를 들면 글래디스가 시이모
어(Seymour)의 아내라는 것과 같은―특성이 글래디스의 특별한
지위를 찬성하는 이유로서 제안된다 하더라도 비슷한 반대가 제
기될 수 있다. 왜냐하면 다른 사람들도 동일하지 않지만 비슷한
상관적인 특성을 가질 수 있고, 동일하지 않지만 비슷한 이유들이
그들을 위해 효력이 있을 수 있기 때문이다. 글래디스의 특별한
지위에 대한 이유는 그녀가 소유한 특별하고도 유일무이한 특징
이 아니라, 그녀가 유일무이한 특징을 지니고 있다는 단순한 사실
이라고 주장하는 것도 충분하지 않을 것이다. 똑같은 것이 그 밖
의 모든 사람에게도 들어맞을 수 있기 때문이다. 모든 개인은 유
일무이한 특징을 지니고 있다. 만약에 유일무이한 특징에 의지하
지 않고, 글래디스가 단순히 그녀가 그녀 자신이며 그녀 자신의
이익을 증진시키기를 원하기 때문에 그녀가 독특하다고 주장한다
면 다른 모든 사람들도 똑같은 주장을 할 수도 있다.[11]

  개인적 윤리학적 이기주의자가 제시하는 동일한 이유들이 글래

디스의 것과 똑같거나 비슷한 특성을 지닌 다른 사람들에게는 유효하지 않다고 주장하기 위하여 그녀는 그것들이 왜 유효하지 않은가를 설명해야 한다. 어떤 특성이 한 경우에는 이유로서 적합하고 다른 경우에는 적합하지 않은 방식을 언제나 이해할 수 있어야 한다. 만약에 어떤 설명도 제공될 수 없고, 개인적 윤리학적 이기주의의 경우에 어떤 설명도 준비되어 있지 않다면 제안된 특성은 양쪽의 경우 이유로서 적합하거나 혹은 전혀 이유로서 적합하지 않은 것이다.

보편적 윤리학적 이기주의

유감스럽게도, 개인적 윤리학적 이기주의에 대한 이러한 반대는 보편적 윤리학적 이기주의에 대해서는 적용되지 않는다. 왜냐하면 보편적 윤리학적 이기주의는 이기주의자가 단순히 그 자신의[혹은 그녀 자신의] 이익을 극대화하는 것에 관심을 기울여야 하는 이유를 제공하기 때문이다. 그 이유는 단순히 이기주의자가 그녀 자신이며, 그녀 자신의 이익을 증진시키기를 원한다는 것이다. 개인적 윤리학적 이기주의자는 그의 견해를 포기하지 않고 그런 이유를 인정할 수 없다. 그러나 보편적 윤리학적 이기주의자는 그녀의 주장을 보편화하고, 모든 사람이 보편적 윤리학적 이기주의를 채용하는 데 대한 비슷한 정당화를 가지고 있다는 것을 인정한다.

---

11) 이 점에 관해 더 많이 논의하려면, Marcus Singer, *Generalization in Ethics*(New York: Knopf, 1961), 제2장; Alan Gewirth, "The Non-Trivializability of Universalizability", *Australasian Journal of Philosophy* (1969), 123~131면을 보라.

따라서 전형적으로 보편적 윤리학적 이기주의에 대하여 제기되어 왔던 반대는 다른 방침을 취하며, 그 견해가 근본적으로 모순된다는 것을 증명하려 시도한다. 이러한 반대를 평가할 목적으로 가이게스(Gary Gyges)의 경우를 생각하기로 하자. 그는 개인적인 이익을 얻기 위하여 국립국민은행에서 일하는 동안 100만 달러를 횡령하였으며, 그 지방 당국의 보호를 받으며 어떠한 양심의 가책 때문에 괴로워하지도 않으면서 즐거운 생활을 할 수 있는 남태평양의 남양 제도의 한 섬으로 도피하는 중에 있다는 점을 제외하고 다른 점에서는 정상적인 인간이다. 동역자인 호오카이(Hedda Hawkeye)가 가이게스가 은행에서 돈을 횡령하여 도망치려 하고 있다는 것을 알고 있다고 가정해 보자. 게다가 가이게스가 횡령한 돈을 가지고 도망치지 못하게 하는 것이 호오카이의 총체적인 자기 이익이 된다(왜냐하면 호오카이가 그렇게 한 대가로 그 은행의 부총재로 임명되고 풍부하게 보상을 받을 수 있을 것이기 때문에)고 가정해 보자. 횡령한 돈을 가지고 도망치는 것이 가이게스의 총체적인 자기 이익이 된다는 조건이 주어지면, 이제 우리는 다음으로부터 모순을 이끌어 낼 수 있을 것 같다.

1. 가이게스는 횡령한 돈을 가지고 도망쳐야 한다.
2. 호오카이는 가이게스가 횡령한 돈을 가지고 도망치지 못하게 막아야 한다.
3. 가이게스가 횡령한 돈을 가지고 도망치지 못하게 막음으로써, 호오카이는 가이게스가 해야 하는 것을 하지 못하게 막고 있다.
4. 우리는 결코 어떤 사람이 해야 하는 것을 하지 못하게 막아서는 안 된다.

5. 그러므로 호오카이는 가이게스가 횡령한 돈을 가지고 도망치지 못하게 막아서는 안 된다.

전제 2와 5가 모순이기 때문에 보편적 윤리학적 이기주의는 일관성이 없는 것 같다.

그러나 이 논증의 건전성은 전제 4에 의존하고 있으며, 보편적 윤리학적 이기주의의 옹호자는 이 전제를 거절할 근거가 있다고 믿는다. 왜냐하면 만약 "어떤 행위를 막는 것"이 "그 행위를 불가능하게 하는 것"을 뜻한다면, 어떤 사람이 그 외의 다른 사람이 해야 하는 것을 하지 못하게 막는 데서 정당화되는 사례들이 있는 것 같다. 예를 들어 이르마(Irma)와 이고르(Igor)가 유명한 법률회사의 똑같은 자리를 얻으려고 경합을 벌이고 있다고 가정해 보자. 이르마가 그 자리를 얻게 되면 이르마는 명백히 이고르가 그 자리를 얻을 수 없게 막는 것이다. 그러나 확실히 이것은 우리가 전형적으로 받아들일 수 없는 형식의 방해로서 생각하는 것은 아니다. 가이게스가 도망치지 못하게 막는 호오카이의 방해도 받아들일 수 없는 것 같지는 않다. 이리하여 보편적 윤리학적 이기주의를 반대하는 논증을 뒷받침하기 위하여 우리는 받아들일 수 있는 형식의 방해와 받아들일 수 없는 형식의 방해를 구별하고, 그 다음에 보편적 윤리학적 이기주의자가 받아들일 수 없는 것으로 생각하는 형식의 방해에 대해서조차 그 논증이 성공한다는 것을 보여주어야 한다. 이것은 보편적 윤리학적 이기주의에 있어서 "당위"(ought)의 효과를 해명할 것을 요구한다. 보편적 윤리학적 이기주의자가 다른 사람들이 그들의 총체적인 자기 이익이 되는 것을 해야 한다고 주장하는 의미를 설명하기 위하여 옹호자들은 자주 경쟁적인 게임의 유추에 호소한다. 예를 들어, 미식 축구에서 수비 선수는 상대팀의 쿼터백이 세 번째 다운으로 5야드를 전진하도록 패스해야 한다고 생각하면서, 한편 그 쿼터백이 그렇게 하기를 원하지 않고 어떤 시도라도 막을 계획을 한다. 칼린(Jesse Kalin)의 예를 살펴보면,

> 나는 체스 상대자가 나의 왕을 견제할 수 있는 방식을 알 수 있다. 이것이 그가 움직여야 하는 방식이다. 그러나 그가 그의 주교를 움직여서 나의 왕을 견제해야 한다고 믿는 것은 나로 하여금 그가 그렇게 하도록 원하지 않으면서, 또한 그가 그렇게 하도록 설득하게 하지도 않는다. 내가 해야 하는 것은 조용히 앉아서 그가 움직여야 하는 대로 움직이지 않기를 바라는 것뿐이다.[12]

이 사례의 요점은 보편적 윤리학적 이기주의자가 어떤 게임에서의 선수처럼 다른 사람들이 그들의 총체적인 자기 이익이 되는 것을 행해야 한다고 판단할 수 있으며, 한편으로 그는 동시에 그런 행동을 막으려고 시도하거나 혹은 적어도 그들을 격려하지 않을 수 있다는 것을 제시하는 것이다.

경쟁적인 게임의 유추는 또한 보편적 윤리학적 이기주의자가 그녀 자신이 그녀의 총체적인 자기 이익이 되는 것을 해야 한다고 주장하는 의미를 설명해준다. 왜냐하면 특정한 운동을 해야만 하는 어떤 선수의 판단에, 다른 사정이 같다면, 적절한 행동을 수행

---

12) Jesse Kalin, "In Defense of Egoism", in *Morality and Rational Self-Interest*, ed. David Gauthier(Englewood Cliffs: Prentice-Hall, 1970), 73~74면.

할 시도가 따르듯, 마찬가지로 보편적 윤리학적 이기주의자는 그녀가 어떤 특정한 행동을 해야 한다고 판단할 때, 다른 사정이 같다면, 적절한 행동을 수행할 시도가 따르기 때문이다. 일반적으로 보편적 윤리학적 이기주의의 옹호자는 우리가 경쟁적인 게임에서 "당위"의 용법이 함축하는 바를 이해하는 데 별로 어려움이 없기 때문에, 우리는 또한 보편적 윤리학적 이기주의자가 주장하는 "당위"의 유추적인 용법을 이해하는 데도 별로 어려움이 없다는 점을 강조한다.

그러나 경쟁적인 게임에서의 "당위"가 보편적 윤리학적 이기주의의 "당위"와 비슷하다고 주장하는 것이 그것들 사이에 차이가 없다는 것을 뜻하지는 않는다. 가장 중요한 것은 경쟁적인 게임은 도덕적인 강제에 의해 통제되므로, 모든 사람이 적절하게 게임을 할 때 각자가 행할 수 있는 것에는 도덕적으로 받아들일 수 있는 한계가 있다. 예를 들어 미식 축구에서 게임에 이기기 위하여 상대편 쿼터백을 독살할 수는 없다. 대조적으로 모든 사람이 자기 이익이 되는 이유를 최상이라고 주장할 때 각자가 행할 수 있는 것에 대한 유일한 한계는 그것을 넘어서는 이익을 얻을 수 없게 되는 점이다. 그러나 보편적 윤리학적 이기주의의 "당위"와 경쟁적인 게임처럼 공공연하게 인정되는 활동에서 발견되는 "당위" 사이의 이러한 중요한 차이가 그 유추의 적절성을 무효로 하지는 못한다. 공공연하게 인정되는 활동에서 발견되는 "당위"가 언제나 여러 가지 도덕적 강제에 의해 제한된다(그밖에 무엇이 공공연하게 인정되는가?)는 점이 그 도덕적 강제가 보편적 윤리학적 이기주의의 제한없이 행위를 인도하는 "당위"의 성격에 대해 시사적인 모델이 되는 것을 막지 못한다.[13] 이 모든 것이 설명하는 것은 보

편적 윤리학적 이기주의가 일관성이 없다고 밝히려는 가장 유망
한 시도가 유감스럽게도 성공하지 못한다는 점이다.

합리성으로부터 도덕에로

아직 보편적 윤리학적 이기주의가 일관성이 없다는 것을 우리
가 설명할 수 없음에도 불구하고, 그래도 도덕이 보편적 윤리학적
이기주의를 합리적으로 선택하고 싶어한다는 것을 설명하는 근거
들이 있다. 이것은 보편적 윤리학적 이기주의가 일관성이 있음에
도 불구하고, 도덕을 부인하면서 이성에 거역한다는 점이 설명될
수 있기 때문이다.[14]

이것을 알기 위하여, 우리 각자가 자기 이익이 되는 이유들과
또한 도덕적인 이유들을 호의로 받아들이고 또 그 이유들에 따라
행할 수 있다고 생각하면서 동시에 우리가 해답을 찾고 있는 문제
가 우리가 받아들이는 것이 합리적일 수 있는 행위에 대한 어떤
종류의 이유들이라고 생각해 보자.[15] 이 문제는 우리가 공공연하
게 주장해야 하는 어떤 종류의 이유들에 관한 것이 아니다. 왜냐

---

13) 윤리학적 이기주의가 일관성이 있는 견해라는 이유를 더 알려면, 나의 논문
   "Ethical Egoism and Beyond", *Canadian Journal of Philosophy*(1979),
   91~108면을 보라.

14) 여기서부터 나는 "이기주의자"와 "이기주의"를 "보편적 윤리학적 이기주의
   자"와 "보편형 윤리학적 이기주의"의 축약형으로 사용할 것이다.

15) 여기서도 "당위"(ought)가 "자유"(can)를 전제한다. 그러므로 사람들이 행
   동하기 위한 자기 이익이 되는 이유들과 도덕적인 이유들 양자를 호의로 받
   아들이고 그것들을 따를 능력을 가지고 있지 않으면, 그들이 그렇게 해야 하
   는가 혹은 그렇게 해서는 안 되는가를 묻는 것이 전혀 의미가 없다. 더구나,
   여기서 도덕적인 이유들은 반드시 자기 이익이 되는 (모든) 이유들을 배제하

하면 사람들은 그것에 따라 행할 준비가 되어 있는 이유들과는 전혀 다른 이유들을 때때로 공공연하게 주장할 것이기 때문이다. 오히려 그것은 우리가 가장 깊은 수준에서—마음속 깊이에서—받아들이는 것이 합리적일 수 있는 어떤 이유들에 관한 문제이다.

물론 도덕적인 이유들에 따라 행할 능력이 없는 사람이 있다. 그런 사람들에게도 그들이 도덕적으로 혹은 이타적으로 행하도록 요구된다는 점에 관해서는 의심의 여지가 없다. 그래도 재미있는 철학적인 문제는 그런 사람들에 관한 것이 아니라, 자기 이익이 되게 행하고 도덕적으로 행할 능력이 있으며, 동시에 특정한 과정의 행위를 따르기 위해 합리적인 정당화를 추구하는 우리 자신과 같은 사람들에 관한 것이다.

우리가 행해야 하는 방식을 결정하려 시도함에 있어, 이기주의보다 도덕을 옹호하는 좋은 논증을 만들 능력을 가지고 싶어하고, 좋은 논증이 선결문제 요구의 오류에 휘말려 들지 않는다는 조건이 주어지면, 그것에 따라서 우리가 가능한 한 선결문제 요구의 오류를 범하지 않는 논증을 만들고 싶어한다고 가정해 보자. 여기서 논쟁이 되는 문제는 우리 각자가 최상의 것으로 취해야 하는 어떤 이유들이다. 그리고 만약 단순히 도덕적 이유들을 우리 각자가 최상의 것으로 취해야 하는 이유들이라고 처음부터 가정함으로써 그 문제에 대답하고자 한다면, 우리는 이기주의에 대하여 선

___

지는 않지만 반드시 (약간의) 이타적인 이유들을 포함하는 것으로 이해된다. 그래서 우리가 도덕적인 이유들 보다는 오히려 자기 이익이 되는 이유들을 따르는 것이 합리적일 수 있는가의 문제는 우리가 도덕적 이유들의 부류를 구성하는 자기 이익이 되는 이유들과 이타적인 이유들의 다소 적절한 집합 보다는 오히려 오직 자기 이익이 되는 이유들만을 따르는 것이 합리적일 수 있는가의 문제로 이해되어야 한다.

결문제 요구의 오류를 범하게 될 것이다. 그러나 만약 단순히 자기 이익이 되는 이유들을 우리 각자가 최상의 것으로 취해야 하는 이유들이라고 처음부터 가정함으로써 그 문제에 대답하고자 한다면, 마찬가지로 우리는 도덕에 대하여 선결문제 요구의 오류를 범하게 될 것이다. 이것은 물론 우리가 단순히 이기주의의 일반원리를 다음과 같이 가정함으로써 우리가 최상의 것으로 취해야 하는 어떤 이유들에 대한 문제에 대답할 수 없다는 것을 뜻한다.

  각 사람은 그의[혹은 그녀의] 총체적인 자기 이익에 가장 도움이 되는 것을 행해야 한다.

우리가 단순히 합리적인 선택에 대한 도덕적 이유들의 적절성을 부인함으로써 이기주의에 대해 찬성의견을 말할 수 없는 것은 우리가 단순히 합리적인 선택에 대한 자기 이익이 되는 이유들의 적절성을 부인하고, 다음과 같은 순수 이타주의의 일반원리를 가정함으로써 순수 이타주의에 대해 찬성의견을 말할 수 없는 것과 같다.

  각 사람은 다른 사람들의 총체적인 이익에 가장 도움이 되는 것을 행해야 한다.[16]

---

16) 나는 순수 이타주의자를 순수 이기주의자의 (좌우가 반대되는) 경상(鏡像)이라고 생각한다. 그런데 순수 이기주의자는 다른 사람들의 이익이 수단으로써가 아니면 그녀 자신이 아니라 그들에게 중요하다고 생각하는 반면에, 순수 이타주의자는 그녀 자신의 이익이 수단으로써가 아니면 그녀 자신이 아니라

결국 선결문제 요구의 오류를 범하지 않기 위하여, 우리는 합리적 선택에 대한 자기 이익이 되는 이유들과 도덕적인 이유들 양자의 초견적인 적절성을 인정하고 그 다음, 모든 것을 고려하여 그것에 따라 행하도록 합리적으로 요구되는 어떤 이유들을 결정하려 시도하는 것 외에 다른 대안을 가지지 못한다. 선결문제 요구의 오류를 범하지 않기 위하여, 이기주의의 일반원리와 순수 이타주의의 일반원리 양자로부터 벗어나 합리적 선택에 대한 자기 이익이 되는 이유들과 도덕적인 이유들 양자의 초견적인 적절성을 인정하는 것이 필요하다는 점에 주목하자. 이 입장으로부터 아무리 생각해도 이기주의 혹은 순수 이타주의 중 어느 것이 합리적으로 선택하고 싶은 것이 되는가는 여전히 미해결의 문제이다.

여기서 고려되어야 하는 두 가지 종류의 사례가 있다. 즉 적절한 자기 이익이 되는 이유들과 도덕적 이유들 사이에 상충이 있는 사례와 그런 상충이 없는 사례이다.

상충이 없고 두 가지 이유들이 그런 종류의 결정적인 이유들인 곳에서는 두 가지 이유들에 따라서 행동이 이루어져야 하는 것이 분명한 듯하다. 그런 정황에서, 우리는 도덕과 자기 이익 양자에 의해 옹호되는 것을 행해야 한다.

다음의 사례를 생각해 보자. 유아용 유동식이 부적절하게 사용되어 유아사망률을 높이는 개발도상국에서 그 유동식을 판매하는 직업을 얻었다고 가정해 보자.[17] 마찬가지로 선진국에서 동등하게

다른 사람들에게 중요하다고 생각한다.

17) 여기서 개입되는 인과적 연결에 대한 논의를 위하여, *Marketing and Promotion of Infants Formula in Developing Countries.* Hearing before the Subcommittee of International Economic Policy and Trade of the

매력적이고 보상을 받을 수 있으면서 비슷한 유동식을 판매하는 직업을 얻을 수 있었다고 생각해 보자. 그 선진국에서는 유동식의 오용이 일어나지 않아서 자기 이익이 되는 적절한 이유들만을 합리적으로 고찰하는 것이 다른 직업보다 그러한 직업을 당신이 받아들이는 것을 옹호하지 않는다고 하자.[18] 동시에 당신이 전자의 직업을 받아들이는 것을 비난하는 명백히 도덕적인 이유들—아마도 당신이 현재 혹은 과거에 습득할 수 있었던 이유들—이 있었다. 더구나 이 경우에 도덕적인 이유들이 자기 이익이 되는 적절한 이유들과 서로 충돌하지 않는다는 가정에 의해, 도덕적인 이유들은 자기 이익이 되는 적절한 이유들이 침묵을 지키는 곳에서 단순히 추천을 했을 뿐이다. 결국 이 경우에 모든 적절한 이유들을 합리적으로 고찰하게 되면, 우리는 적절한 도덕적 이유들에 일치하여 행동할 수밖에 없게 된다.[19]

이런 종류의 사례에서는 자주 이 도덕적 이유에 두드러지게 반대되는 다른 이유들—당신이 획득할 수 있었거나 획득할 수 있는 다른 이유들—이 있을 수 있다는 이의가 제기될 수 있겠다. 그런 이유들은 (다른 사람의 고통과 죽음을 야기할 수 있는,) 악의가 있거나, (인간의 복지를 희생하더라도 인간 이외의 존재자의 복지를 증진하는 데 관심을 기울이는,) 선의적이거나, 혹은 (인간의 복

Committee on Foreign Affairs, U. S. House of Representatives, 1980을 보라. 또한 Maggie McComas et al., *The Dilemma of Third World Nutrition* (1983)을 보라.

18) 두 직업이 다른 사람들의 이익에 같은 유익한 영향을 미친다고 가정해 보자.

19) 나는 이성에 반대하여 행하는 것이 이성의 요구사항이란 점에서 중요한 결점이며, 이성에 반대하여 행하지 않으면서 이성에 (완전히) 일치하여 행하지 않는 많은 방식이 있다는 것을 가정하고 있다.

지나 인간 이외의 존재자의 복지에 미치는 효과와는 별도로 가치 있는 결과를 가져오는 데 관심이 있는,) 심미적이라는 것이다. 그러나 그런 악의가 있는 이유들이 궁극적으로 자신이나 다른 사람들에게 선이 되는 것이라는 입장에 근거하고 있다고 가정하면,[20] 이 이유들은 이미 고려되었을 것이며, 이 경우 가정에 의해 적절한 다른 이유들보다 그 중요성이 떨어질 것이다. 그리고 비록 (인간 이외의 존재자의 복지를 증진시키는 데 관심이 있는) 선의적인 이유나 심미적인 이유가 고려되지 않았을지라도, 그런 이유들은 이기주의 보다 도덕을 정당화하는 데 직접적으로는 적절하지 않을 것이다.[21] 따라서 이 세 종류의 이유들이 있더라도, 첫번째 직업을 당신이 받아들이는 것은 이 경우 여전히 적절한 이유들에 반대되는 것으로 생각될 수 있다.

말할 나위도 없이, 이기주의의 옹호자들은 이 결과에 당황하지 않을 수 없을 것이다. 왜냐하면 그 결과가 설명하는 바에 따르면, 적어도 자신의 자기 이익을 추구하는 동등하게 좋은 두 가지 방법이 있고, 그 가운데 하나만이 도덕의 기본적인 요구사항과 충돌하지 않을 때 이기주의와 일치하는 행동들이 이성에 반대하기 때문이다. 도덕의 기본적인 요구사항을 충족시키는 동등하게 좋은 두

---

20) 만약 그렇지 않다면, 그것들은 사실은 심미적인 종류의 이유에 해당할 것이다.

21) 물론, 그런 이유들이 도덕을 위한 완전한 정당화에서 어떤 점에서 고려되어야 할 것이다. 그러나 그런 이유들을 도덕의 완전한 정당화에 통합하는 방법은 자기 이익이 되는 이유와 이타적인 이유를 통합하는 데 이미 사용된 방법과 단순히 평행을 이룰 것이다. 제2장에서 나는 인간 이외의 존재자의 복지를 증진시키는 이유들이 옹호할 수 있는 윤리학에 통합되어야 하는 방법을 고려할 것이다.

가지 방법이 있고 그 가운데 하나만이 개인의 총체적인 자기 이익이 되는 것과 충돌하지 않는 사례에서, 도덕의 옹호자들이 우리가 우리의 총체적인 자기 이익이 되는 것과 충돌하지 않는 방법을 선택하도록 합리적으로 요구되고 있다는 것을 인정하는 것이 사람을 전혀 당혹하게 하는 것이 아니라는 점에 또한 주목하라. 그럼에도 불구하고 만약 그러한 이유들이 충돌하는 사례에서 도덕적인 이유들이 자기 이익이 되는 이유들보다 우선권을 가지리라고 설명하는 것이 가능하지 않다면 도덕적 이유들과 자기 이익이 되는 이유들이 충돌하지 않는 사례의 경우에 이기주의의 이 결점을 드러내는 것이 도덕의 옹호자들에게는 작은 승리일 수 있을 것이다.

이제 우리가 충돌 사례에 있어서 적절한 이유들을 합리적으로 평가할 때, 그 충돌을 자기 이익이 되는 이유들과 도덕적 이유들 사이의 충돌이 아니라 대신에 자기 이익이 되는 이유들과 이타적인 이유들 사이의 충돌로 보는 것이 가장 좋다.[22] 이런 방식으로 보게 되면 세 가지 해결책이 가능하다. 첫째로, 우리는 자기 이익이 되는 이유들이 언제나 충돌을 일으키는 이타적인 이유들보다 우선권을 가진다고 말할 수 있다. 둘째로, 우리는 바로 그 반대, 즉 이타적인 이유들이 언제나 충돌을 일으키는 자기 이익이 되는 이유들보다 우선권을 가진다고 말할 수 있다. 셋째로, 우리는 어떤

---

22) 이것은 내가 앞으로 논증하겠지만 도덕 자체가 이미 이기주의와 이타주의 사이의 절충안을 나타내고 있기 때문이다. 그러므로 도덕적 이유가 자기 이익이 되는 이유보다 중시되어야 한다고 요구하는 것은 실제에 있어서 자기 이익이 되는 이유를 두 번 계산하는 것이다—이기주의와 이타주의 사이의 절충안에서 한번, 도덕적 이유가 자기 이익이 되는 이유보다 중시될 때 또 한번. 그러나 자기 이익이 되는 이유를 두 번 계산하는 것은 명백히 반대할만하다.

종류의 절충안이 합리적으로 요구된다고 말할 수 있다. 이 절충안에서 때로는 자기 이익이 되는 이유들이 이타적인 이유들보다 우선권을 가지게 되고, 때로는 이타적인 이유들이 자기 이익이 되는 이유들보다 우선권을 가지게 된다.

일단 충돌이 이런 방식으로 기술되면 세 번째 해결책이 합리적으로 요구되는 것으로 파악될 수 있다. 이것은 첫번째 해결책과 두 번째 해결책이 다른 것보다 한가지 부류의 적절한 이유들에 배제적인 우선권을 부여하며, 그러한 배제적인 우선권을 위해서 완전히 선결문제 요구의 오류를 범하는 정당화만이 주어질 수 있기 때문이다. 세 번째 해결책을 사용하여 때로는 자기 이익이 되는 이유들에 우선권을 부여하고, 때로는 이타적인 이유들에 우선권을 부여함으로써만 우리는 완전히 선결문제 요구의 오류를 범하는 해결책에서 벗어날 수 있다.

예를 들어 당신이 폐기물 처리업에 종사하고 있고, 경비를 절약하지만 예상컨대 미래의 세대에게는 심각한 해악을 끼치는 방식으로 유해 폐기물을 처리하기로 결정한다고 가정해 보자. 경비를 다소 덜 절약하게 되지만 미래의 세대에게는 어떤 심각한 해악을 끼치지 않는 방식으로 그 폐기물을 처리할 수 있는 대안이 있다고 생각해 보자.[23] 이 경우 당신은 미래의 세대에게 심각한 해악을 끼치지 않는 것을 옹호하는 적절한 이타적인 이유들에 대하여 유해 폐기물을 가장 경비를 절약하는 방법으로 처리하는 것을 옹호하는 자기 이익이 되는 이유들을 고찰할 수 있다. 만약 산출된 당신 자신에 대한 이익의 손실이 매우 경미하고, 산출된 미래의 세대에

---

23) 폐기물 처리의 이 모든 방법들이 다른 사람들의 이익에 대체로 같은 양의 유익한 효과를 미친다고 가정해 보라.

대한 해악이 너무 크다고 우리가 생각하게 되면, 적절한 자기 이익이 되는 이유들과 이타적인 이유들 사이의 제대로 된 절충안은 이 경우 이타적인 이유들을 옹호해야 한다. 그러므로 선결문제 요구의 오류에 휘말려 들지 않는 합리성의 기준으로 판단되듯이 당신의 폐기물 처리 방식은 적절한 이유들을 지니지 못한다.

이런 합리성의 기준이 적절한 자기 이익이 되는 이유들과 이타적인 이유들 사이에 어떤 절충안도 뒷받침하지 못하는 것에 또한 주목해 보자. 그 절충안은 독단적인 것이어서는 안 된다. 왜냐하면 그렇지 않으면 그것은 상반되는 이기주의적인 입장과 이타적인 입장에 대하여 선결문제 요구의 오류를 범하는 것이 되기 때문이다.[24] 그런 절충안은 이기주의적인 입장과 이타적인 입장에 의해 각각 부과되는 자기 이익이 되는 이유들과 이타적인 이유들의 서열을 존중해야 할 것이다. 왜냐하면 각 개인에게는 그 개인의 적절한 자기 이익이 되는 이유들과 이타적인 이유들에 대한 별도의 서열(이 서열은 물론 개인의 능력과 환경에 따라 변하는 것이다)이 있기 때문에 우리는 가장 중요한 이유들로부터 가장 덜 중요한 이유들까지 다음과 같이 이 서열을 표현할 수 있다.

24) 여기서 "이기주의적 입장"에 의해 나는 합리적인 선택에 대한 이기주의적인 이유들과 이타적인 이유들 양자의 초견적인 적절성을 인정하고, 그 다음에 이기주의적 이유들의 우월성을 주장하려 시도하는 견해를 뜻한다는 점에 주목하라. 같은 방식으로 "이타적 입장"에 의해 나는 합리적 선택에 대한 이기주의적인 이유들과 이타적인 이유들 양자의 초견적인 적절성을 인정하고, 그 다음에 이타적 이유들의 우월성을 주장하려 시도하는 견해를 뜻한다.

개인 A		개인 B	
자기 이익이 되는 이유	이타적인 이유	자기 이익이 되는 이유	이타적인 이유
1	1	1	1
2	2	2	2
3	3	3	3
.	.	.	.
.	.	.	.
.	.	.	.
N	N	N	N

따라서, 이기주의나 순수 이타주의에 대하여 선결문제 요구의 오류를 범하지 않으려 하면서 그런 이유들 사이에 제대로 된 절충안은 각 범주에 있어 서열이 가장 높은 이유들에 우선권을 부여해야 할 것이다. 다른 조건이 같다면, 서열이 가장 높은 이타적인 이유들이나 자기 이익이 되는 이유들에 우선권을 부여하지 못하는 것은 이치에 어긋나는 것이 된다.

물론, 당신의 서열이 가장 높은 이유들에 반대되는 것을 행하도록 요구받는 것을 피하는 유일한 방법이 그 밖의 어떤 사람에게 서열이 가장 높은 이유들에 반대되는 것을 행하도록 요구함으로써 가능한 사례가 있을 수 있다. 이 사례들 중 어떤 것이 예를 들어 당신과 다른 두 사람이 구명정 위에 좌초되어 있고, 그 구명정은 구출되기 전에 당신들 중 두 사람만이 생존할 수 있는 물자만을 가지고 있는 경우의 "구명정 사례"일 수 있다. 그러나 그런 사례들은 해결하기가 확실히 어려울지라도(아마도 동전을 위로 던지는 것 같이, 우연적 기제만이 적당한 해결책을 제공할 수 있다), 그것들은 우리가 획득할 수 있는 적절한 자기 이익이 되는 이유들과 이타적인 이유들 사이의 전형적인 충돌을 확실히 반영하지 못한다. 대체로, 충돌을 일으키는 이유들 중 하나 혹은 다른 것이 그 각각의 척도로 두드러지게 서열이 높아서 명확한 해결을 가능하게 한다.

이제 우리는 도덕을 자기 이익이 되는 이유들과 이타적 이유들 사이에 바로 그런 제대로 된 절충안으로서 고찰할 수 있는 방법을 알 수 있다. 첫째로, 어느 정도의 자기 존중이 도덕적으로 요구되거나, 적어도 도덕적으로 받아들일 수 있다. 그러한 경우 서열이 높은 자기 이익이 되는 이유들은 서열이 낮은 이타적인 이유들 보다 우선권을 가진다. 둘째로, 도덕은 사람들이 그들 자신의 자기 이익을 추구해야 하는 정도에 명확한 한계를 설정한다. 이 경우에는 서열이 높은 이타적인 이유들이 서열이 낮은 자기 이익이 되는 이유들보다 우선권을 가진다. 이런 방식으로 도덕은 자기 이익이 되는 이유들과 이타적인 이유들 사이에 제대로 된 절충안으로 파악될 수 있으며, 그러한 절충안을 이루는 "도덕적인 이유들"은 그것과 충돌을 일으키는 자기 이익이 되는 이유들이나 이타적인 이유들보다 절대적인 우선권을 가지는 것으로 파악될 수 있다.[25]

또한 이러한 절충안이 전혀 선결문제 요구의 오류를 범하지 않는 두 단계의 논증에 의해 뒷받침되어 온 방식을 아는 것이 중요하다. 첫째 단계에서 우리의 목표는 좋은 논증을 기초로 하여 우리가 받아들이는 것이 합리적인 어떤 종류의 행위 이유들을 결정하는 것이다. 그리고 이것은 선결문제 요구의 오류에 휘말려 들지 않는 출발점을 요구한다. 자기 이익이 되는 이유들을 배제적으로

---

25) 논의를 더 하고자 하면, 나의 *Justice for Here and Now*(New York: Cambridge University Press, 1998), 제2장을 보라.

옹호하는 이기주의와 이타적인 이유들을 배제적으로 옹호하는 순수 이타주의 양자가 모두 선결문제 요구의 오류를 범하는 출발점을 제공한다는 점에 주목하기 때문에, 우리는 합리적인 선택에 대한 자기 이익이 되는 이유들과 이타적인 이유들의 초견적인 적절성(prima facie relevance)을 선결문제 요구의 오류에 휘말려 들지 않는 출발점으로 받아들인다. 여기서 논리적 추론은 우리가 하나의 대안이 다른 대안보다 더 낫다는 증거가 없을 때 의사결정이론에서 인정되는 동등한 개연성을 지닌 추론과 유사하다.[26] 여기서 우리는 자기 이익이 되는 이유들이나 이타적인 이유들을 합리적인 선택에 적절한 것으로서 배제하는 선결문제 요구의 오류에 휘말려 들지 않는 정당화를 가지지 않는다. 따라서 우리는 두 종류의 이유들을 합리적 선택에 초견적으로 적절한 것으로 받아들인다. 절충안을 찬성하는 첫째 단계의 논증의 결론은 이기주의나 순수 이타주의에 대하여 선결문제 요구의 오류를 범하지 않는다. 왜냐하면 만약 어떤 견해의 옹호자가 그 견해를 찬성하는 좋은 논증, 곧 선결문제 요구의 오류에 휘말려 들지 않는 논증을 제공할 수 있다면, 그는 바로 이 결론을 선결문제 요구의 오류에 휘말려 들지 않으면서 이기주의나 순수 이타주의 혹은 절충안을 변호하는 데 필요한 것으로 인정해야 할 것이다. 그러므로 이것을 받아들이게 되면, 절충안은 이 두 가지 다른 입장을 선결문제 요구의 오류에 휘말려 들지 않고 변호할 수 있게 되어 선결문제 요구의 오류를 범하지 않게 된다. 이것이 우리가 관심을 기울여야 하는 전부이다.

---

26) R. Duncan Luce and Howard Raiffa, *Games and Decisions*(New York : John Wiley, 1967), 제13장을 보라.

이제 일단 자기 이익이 되는 이유들과 이타적인 이유들 양자가 합리적 선택에 초견적으로 적절한 것으로 인정되면, 절충안을 찬성하는 둘째 단계의 논증은 이기주의적인 입장과 이타적인 입장에 의해 각각 부과되는 자기 이익이 되는 이유들과 이타적인 이유들의 서열을 기초로 하여 저 이유들에 제대로 된 순서를 매기는 것이다. 이 순서 매기기에 따르면, 서열이 높은 자기 이익이 되는 이유들이 서열이 낮은 이타적인 이유들보다 우선권을 가지고, 서열이 높은 이타적인 이유들이 서열이 낮은 자기 이익이 되는 이유들보다 우선권을 가진다. 이 이유들에 그럴듯한 제대로 된 순서 매기기는 없다. 그러므로 일단 우리가 그러한 입장(혹은 그 옹호자)을 선결문제 요구의 오류에 휘말려 들지 않는 기준이 될 정도로 적당하게 개선된 것으로 생각하면, 그 순서 매기기는 확실히 이기주의적인 입장이나 이타적인 입장에 대하여 선결문제 요구의 오류에 휘말려 들지 않는다. 결국 하나의 입장이 선결문제 요구의 오류에 휘말려 들지 않는 기준이 된다면, 그것은 또한 그러한 기준이 되는 다른 입장에 대하여 자신의 주장과 논증이 쌓이는 방법에만 관심을 기울여야 한다. 만약에 당신 자신이 선결문제 요구의 오류에 휘말려 들지 않는 기준이 된다면, 당신은 단순히 다른 입장의 요구사항과 충돌하게 됨으로써 선결문제 요구의 오류를 범하지 않게 된다. 이것은 그 다른 입장(혹은 그 옹호자)이 또한 선결문제 요구의 오류에 휘말려 들지 않는 같은 기준이 되지 않는 조건에서이다. 자신의 견해를 옹호함에 있어서 어떤 사람이 편견을 가진 사람들과 충돌을 일으킬 때, 그는 그 자신이 편견을 가진 사람이 아니라면 그들에 대하여 선결문제 요구의 오류를 범하지 않는다.

예를 들어 우리가 20세기의 가장 위대한 도덕철학자이면서 정치철학자인 두 사람은 누구인가를 결정하려 한다고 생각해 보자. 우리 가운데 일부는 처음부터 그 두 사람은 영미 전통에 속해야 한다고 가정하고 롤즈(John Rawls)와 헤어(R. M. Hare)를 지명 천거하고, 한편 다른 사람들은 처음부터 그 두 사람은 대륙의 전통에 속해야 한다고 가정하고 하버마스(Jürgen Habermas)와 사르트르(Jean-Paul Sartre)를 지명 천거한다고 가정해 보자.[27] 이와 대조적으로, 절충안은 선결문제 요구의 오류를 범하지 않기 위하여 20세기의 가장 위대한 도덕철학자이면서 정치철학자인 두 사람은 영미 전통이나 대륙의 전통에 속하거나 혹은 그 문제라면 어떤 철학적 전통에도 속할 수 있다고 가정함으로써 출발하고, 롤즈와 하버마스를 지명 천거하는 것이 당연할 수도 있다. 이것은 그 절충안을 이 논의에서 취해진 다른 두 견해와 일부분은 충돌하고 일부분은 일치하게 한다. 그러나 그것은 그 절충안이 다른 두 견해에 대하여 선결문제 요구의 오류를 범한 것으로 설명하지 않는다. 왜냐하면 그 두 견해가 선결문제 요구의 오류에 휘말려 들지 않는 방식으로 그 논의에 접근하지 않았기 때문이다. 다시 말하면, 편견을 가진 사람들과 충돌하는 것이 필연적으로 어떤 사람을 편견을 가진 사람이 되게 하지는 않는다. 편견을 가진 사람이 되려면, 당신 자신이 또한 선결문제 요구의 오류를 범하는 입장에서 논쟁을 해야 하는 것이다.

따라서 절충안과 개선되지 않은 이기주의적인 입장이나 개선되지 않은 이타적인 입장 사이에 존재하는 충돌을 그 절충안이 그

---

27) 나는 이 양측 가운데 어느 것도 그 가정에 대해 선결문제 요구의 오류에 휩쓸려 들지 않는 근거를 가지고 있다고 생각하지 않는다.

입장들에 대하여 선결문제 요구의 오류를 범하고 있다고 생각할
만한 근거라고 생각하는 것은 잘못일 수 있다. 그러므로 우리는
개선되지 않은 이타적인 입장을 다음과 같이 주장하는 것으로 생
각할 수 있다.

(1) 서열이 높은 모든 이타적인 이유들은 충돌을 일으키는 서열
이 더 낮은 자기 이익이 되는 이유들 보다 우선권을 가진다.

(2) 서열이 낮은 모든 이타적인 이유들은 충돌을 일으키는 서열
이 더 높은 자기 이익이 되는 이유들 보다 우선권을 가진다.

그리고 우리는 개선되지 않은 이기주의적인 입장을 다음과 같
이 주장하는 것으로 생각할 수 있다.

(1′) 서열이 높은 모든 자기 이익이 되는 이유들은 충돌을 일으
키는 서열이 더 낮은 이타적인 이유들 보다 우선권을 가진다.

(2′) 서열이 낮은 모든 자기 이익이 되는 이유들은 충돌을 일으
키는 서열이 더 높은 이타적인 이유들 보다 우선권을 가진다.[28]

---

28) 실제로, 순수 이타주의가 주장하는 모든 것은 다음과 같다:

⑴ 서열이 높은 모든 이타적인 이유들은 충돌을 일으키는 서열이 더 낮은 자기
  이익이 되는 이유들 보다 우선권을 가진다.

⑵ 서열이 낮은 모든 이타적인 이유들은 충돌을 일으키는 서열이 더 높은 자기
  이익이 되는 이유들 보다 우선권을 가진다.

⑶ 서열이 높은 모든 이타적인 이유들은 충돌을 일으키는 서열이 높은 자기 이
  익이 되는 이유들 보다 우선권을 가진다.

⑷ 서열이 낮은 모든 이타적인 이유들은 충돌을 일으키는 서열이 낮은 자기 이
  익이 되는 이유들 보다 우선권을 가진다.

48

이와 대조적으로, 절충안은 (1)과 (1´)를 주장한다. 이제 우리는 그 절충안이 이유들의 우선권에 대하여 주장하는 것의 일부—즉, (1)—는 개선되지 않은 이기주의적 입장에 대하여 선결문제 요구의 오류를 범하고 있고, 다른 일부—즉, (1´)—는 개선되지 않은 이타적 입장에 대하여 선결문제 요구의 오류를 범하고 있다. 그러므로 그 정도까지 우리는 절충안이 각 견해에 대하여 선결문제 요구의 오류를 범하고 있다고 결론을 내릴 수 있겠다.[29] 그러나 절충

이와 대조적으로, 이기주의가 주장하는 모든 것은 다음과 같다:

(1´) 서열이 높은 모든 자기 이익이 되는 이유들은 충돌을 일으키는 서열이 더 낮은 이타적인 이유들 보다 우선권을 가진다.

(2´) 서열이 낮은 모든 자기 이익이 되는 이유들은 충돌을 일으키는 서열이 더 높은 이타적인 이유들 보다 우선권을 가진다.

(3´) 서열이 높은 모든 자기 이익이 되는 이유들은 충돌을 일으키는 서열이 높은 이타적인 이유들 보다 우선권을 가진다.

(4´) 서열이 낮은 모든 자기 이익이 되는 이유들은 충돌을 일으키는 서열이 낮은 이타적인 이유들 보다 우선권을 가진다.

그리고 절충안이 주장하는 것은 (1)과 (1´)이고, 그것은 (3)과 (4), (3´)와 (4´)에 대하여 순수 이타주의를 지지하지 않을 뿐 아니라, 이기주의도 지지하지 않는다.

29) 이 입장을 받아들여야 한다고 하더라도 여전히 이기주의적 입장과 이타적인 입장이, 절충안이 그들 중 하나에 대해 선결문제 요구의 오류를 범하는 것보다 훨씬 더 큰 정도로, 다른 것에 대해 선결문제 요구의 오류를 범한다는 것이 여전히 따르게 된다. 왜냐하면 이기주의가 이유들의 우선권에 대하여 주장하는 것의 전체, 즉 (1)과 (2)는 이타적 입장과 충돌하고, 이타주의가 이유들의 우선권에 대하여 주장하는 것의 전체, 즉 (1´)와 (2´)는 이기주의적 입장과 충돌하기 때문이다. 따라서 이런 방식으로 보게 되더라도 절충안은, 선결문제 요구의 오류를 가장 적게 범한다는 이유로, 여전히 합리적으로 선택하고 싶은 해결책이 될 것이다. (당신이 의심해 왔거나 혹은 아마도 나의 이전 저서에서 알 수 있듯이, 이것이 내가 절충안에 완전히 선결문제 요구의 오류에 휘말려 들지 않는 정당화를 줄 수 있다고 인정하기 전에 그것을 정당화하기 위하여

안과 개선되지 않은 이기주의적 입장이나 개선되지 않은 이타적
입장 사이의 충돌을 그 입장들에 대하여 선결문제 요구의 오류를
범하는 것으로 볼 이유는 없다. 선결문제 요구의 오류를 범하기
위해서는, 어떤 사람이 그 밖의 다른 사람의 견해와 전적으로 혹
은 부분적으로 충돌하고 있다는 것으로 충분하지 않다. 당신들의
견해, 즉 당신과 그들 양자의 견해가 또한 선결문제 요구의 오류
를 범하는 입장에서 생겨나야 한다. 그리고 절충안에 대해서는 이
것이 명확히 그렇지 않다.

이제 도덕이 선결문제 요구의 오류에 휘말려 들지 않는 기준에
의해 요구된다 하더라도 그것이 우리에게 도덕적이기 위한 옳은
종류의 이유들을 제공하지 않는다는 이의가 제기될 수 있겠다. 선
결문제 요구의 오류를 범하지 않는 것은 너무 형식적인 이유라서
도덕적일 수 없으며, 우리는 보다 실질적인 이유를 필요로 한다고
주장될 수 있다.[30] 다행히도, 도덕적이기 위한 실질적인 이유의 필
요는 충족될 수 있다. 왜냐하면 이 경우에는 도덕적이기 위한 형
식적인 이유—즉, 선결문제 요구의 오류를 범하지 않는 것—그
자체가 도덕적이기 위한 실질적인 이유를 수반하기 때문이다.—
즉, 서열이 높은 이타적인 이유들에 충돌을 일으키는 서열이 더
낮은 자기 이익이 되는 이유들 보다 우선권을 부여하며, 서열이
높은 자기 이익이 되는 이유들에 충돌을 일으키는 서열이 더 낮은
이타적인 이유들 보다 우선권을 부여하는 것이다. 다시 말하여 보
다 더 실질적으로 그 이유들을 말하면, 기본적이지 않은 이익을

사용한 방식이다.)

30) 스캔론(Thomas Scanlon)은 이 문제를 *What We Owe to Others*
(Cambridge, Harvard University Press, 1988), 제3장에서 논하고 있다.

얻을 목적으로 기본적인 해악을 끼치는 것을 피하는 것이다. 이렇게 드러난 것처럼, 절충안으로서의 도덕은 도덕적이기 위한 형식적인 이유들과 실질적인 이유들 양자를 제공하는 것으로 설명될 수 있다.

물론, 정확하게 이 절충안이 어떻게 수행될 수 있는가는 상당한 논쟁거리이다. 그것은 우리를 전통윤리학의 세 번째 문제—실천적 요구사항의 문제로 이끈다. 그러나 실천적 요구사항에 대한 이 논쟁도 해결된다. 어떤 종류의 절충안으로서의 도덕적 해결책은 선결문제 요구의 오류에 휘말려 들지 않는 입장에서 판단될 때 이기주의나 순수 이타주의보다 합리적으로 선호된다는 것이 명백하다.[31]

실천적 요구사항의 문제: 도덕은 무엇을 요구하는가?

명백히 도덕이 무엇을 요구하는가를 결정하기 위한 자기 이익이 되는 이유들과 이타적인 이유들 사이의 절충안으로서의 도덕을 설명하는 여러 가지 방법이 있다. 가장 잘 알려진 설명은 공리주의 윤리학, 아리스토텔레스 윤리학과 칸트 윤리학의 설명이다.[32] 공리주의 윤리학의 기본 원리는 다음과 같다:

---

31) 더 많이 논의하려면, 나의 책 *Justice for Here and Now*(New York : Cambridge University Press, 1998), 제2장을 보라.

32) 명백히 실천적 문제에 대한 다른 도덕적 접근방법이 현저한 것일 수 있겠다. 그러나 나는 내가 고려할 예정인 세 가지 방법이 이 문제들의 해결책에 적절한 접근방법의 가능한 범위를 반영한다고 생각한다.

그 행동에 의해 영향을 받는 모든 사람의 순수 유용성 혹은
만족을 극대화할 수 있는 그런 행동을 하라.

공리주의 윤리학은 자기 이익이 되는 이유들과 이타적인 이유
들 사이의 절충안으로서 이해될 수 있다. 왜냐하면 그것은 영향을
받는 모든 사람들의 유용성이나 만족을 고려하기 때문이다. 예를
들어 설명하기 위하여, 국가 A의 선택이 다음과 같은 결과를 가질
때, 국가 A가 국가 B의 국내 사건에 간섭해야 하는 문제에 이 윤
리학이 어떻게 적용되는가를 생각해 보자.

	국가 A의 선택	
	간섭해라	간섭하지 마라
국가 A에 대한 순수 유용성	4조 단위	8.5조 단위
국가 B에 대한 순수 유용성	2조 단위	-2조 단위
전체의 유용성	6조 단위	6.5조 단위

이것이 국가 A의 선택에 관련되는 모든 결과라면, 공리주의 윤
리학은 간섭하지 않는 것을 옹호한다. 이 경우에, 비록 공리주의
윤리학을 옹호하는 선택이 국가 B의 집단 이익과 충돌하더라도
그것이 국가 A의 집단 이익과 충돌하지 않는다는 점에 주목하자.
  그러나 유용성에 대한 그러한 계산이 가능한가? 일반적으로 인
정하듯이 그러한 계산은 어렵다. 동시에 그러한 계산은 공개토론
의 기초로서 도움이 되는 것 같다. 한때 레이건 대통령이 한 무리
의 아프리카계 미국인 사업 지도자들에게 말을 걸면서, 위대한 사
회 계획(The Great Society Programs)으로 아프리카계 미국인들이
한결 잘살게 되었는지 물었다. 많은 사람들이 레이건 대통령이 행

한 대답에 불만을 가졌지만 어느 누구도 그의 질문이 대답할 수
없는 것이라는 것을 알지 못했다.[33] 이와 같이 유용성을 측정하는
절박한 사정에 직면하여 공리주의 윤리학은 순수 유용성을 극대
화할 수 있는 것을 결정하기 위하여 최선을 다하며 그 결과에 따
라 행한다고 충고한다.

고려되어야 할 두 번째 윤리학은 아리스토텔레스 윤리학이다.
그 기본 원리는 다음과 같다.

인간으로서 자신의 고유한 발전을 촉진시킬 수 있는 그러한
행동을 하라.

이 윤리학 또한 자기 이익이 되는 이유들과 이타적인 이유들 사
이의 절충안으로서 이해될 수 있다. 왜냐하면 이 견해에 따르면
인간으로서 자신의 고유한 발전을 촉진하는 것은 명백히 자기 이
익이 되는 이유들과 이타적인 이유들 양자를 고려하는 것을 포함
하기 때문이다.

그러나 이 윤리학에 대한 다른 해석이 있다. 어떤 해석에 따르
면, 각 개인은 이성을 사용하여 인간으로서 그의[혹은 그녀의] 고
유한 발전을 결정할 수 있다. 다른 해석은 이에 동의하지 않는다.
예를 들면, 많은 종교적 전통은 사람들을 인간으로서 그들의 고유

---

33) 실제로, 아프리카계 미국인이 위대한 사회 계획으로 지금 더 잘살게 되었는
  지에 관한 논쟁은 보다 학술적인 전환점을 가졌었다. 머리(Charles Murray)
  의 *Losing Ground*(New York: Basic Books, 1984)와 젠크스(Christopher
  Jencks)의 "How Poor Are the Poor?", *New York Review of Books*, May 9,
  1985를 보라.

한 발전으로 인도하는 계시에 의존한다. 그러나 아리스토텔레스
윤리학이 이러한 여러 가지 형식을 취할 수 있다 하더라도, 나는
아마도 철학적으로 가장 재미있는 형식에 초점을 맞추고 싶다.[34]
그 형식은 고유한 발전을 덕 있는 활동으로 규정하고, 덕 있는 활
동은 그 결과가 무엇이든지 의도적으로 악을 행하는 것을 배제하
는 것으로 이해한다. 이 형식에서 아리스토텔레스 윤리학은 공리
주의 윤리학과 매우 근본적인 충돌을 일으킨다. 왜냐하면 공리주
의 윤리학은 영향을 받는 모든 사람의 만족 혹은 유용성에 도움을
주는 결과에 의해서만 덕 있는 활동을 규정하기 때문이다.

　고려할 세 번째 윤리학은 칸트 윤리학이다. 이 윤리학의 기원은
17, 8세기의 사회계약이론에 있다. 이 사회계약이론은 도덕적 요구
사항을 규정하는 실제의 계약에 의존하는 경향이 있다. 그러나 실
제의 계약이 이루어졌을 수도 있고 그렇지 않을 수도 있다. 만약
그 계약이 이루어진다 하더라도, 그 계약이 도덕적이거나 공정했
을 수도 있고 그렇지 않았을 수도 있다. 이것이 칸트(Immanuel
Kant)와 현대의 칸트주의자인 롤즈(John Rawls)가 도덕적 요구사
항이 근거를 두게 될 가언적인 계약에 의지하도록 이끌었다. 이
윤리학의 난점은 어떤 조건에서 가언적 계약이 공정하고 도덕적
인가를 결정하는 데 있다. 일반적으로 가장 옹호되는 칸트 윤리학
은 다음과 같은 기본 원리에 의해 규정되고 있다.

　상상의 무지의 베일을 쓴 사람들이 만장일치로 행해져야 한다
　고 동의하는 그런 행위를 하라.[35]

34) 이 형식도 또한 명백히 아리스토텔레스에 뿌리를 두고 있다. 그의
　　Nichomachean Ethics 제2권 1107a, 10~25를 보라.

이 상상의 베일은 자기 자신에 대한 가장 특별한 사실—자신의 선택을 한쪽으로 치우치게 하거나 만장일치에 방해가 되는 것—에로 확장된다. 따라서 상상의 무지의 베일은 자신의 사회적 지위, 재능, 성, 인종과 종교에 대한 지식을 가면으로 가리는 것이지 정치적, 사회적, 경제적 및 심리학적 이론에 포함될 일반적인 정보에 대한 지식을 가면으로 가리는 것은 아니다. 이 칸트 윤리학도 또한 자기 이익이 되는 이유들과 이타적인 이유들 사이의 절충안으로서 이해될 수 있다. 왜냐하면 그 상상의 무지의 베일은 자아와 타인을 적절하게 고려하기 때문이다.

이 윤리학을 예를 들어 설명하기 위하여 앞서 사용한 국가 A와 국가 B의 사례로 되돌아가 보자. 국가 A가 직면하게 되는 선택은 다음과 같다:

	국가 A의 선택	
	간섭해라	간섭하지 마라
국가 A에 대한 순수 유용성	4조 단위	8.5조 단위
국가 B에 대한 순수 유용성	2조 단위	-2조 단위
전체의 유용성	6조 단위	6.5조 단위

이것들이 국가 A의 선택에 관련이 있는 모든 결과라면, 칸트 윤리학은 간섭을 옹호한다. 왜냐하면 상상의 무지의 베일을 쓴 사람은 그가 국가 B에 있게 될 것과 그 경우에 국가 A에 속한 자의 더 큰 이익을 위해 그렇게 불리하게 되기를 원하지 않는다는 것을 고려해야 하기 때문이다. 이 해결책은 공리주의 윤리학이 옹호하

---

35) 더 많이 논의하려면, 나의 책 *How to Make People Just*(Totowa : Rowman and Littlefield, 1988), 제4장을 보라.

는 해결책과 국가 A의 집단이익과 충돌하지만 국가 B의 집단이익과는 충돌하지 않는다.

대안의 윤리학을 평가하기

말할 나위도 없이, 도덕에 대한 이러한 각각의 해석은 그 강점과 약점을 지니고 있다. 공리주의 윤리학의 강점은 일단 적절한 유용성이 결정되면, 모든 실천적인 문제를 해결하는 데 사용될 수 있는 효과적인 의사결정의 절차가 있다는 점이다. 적절한 유용성을 결정한 다음에 남는 것은 순수 유용성을 합산하고 가장 높은 순수 유용성을 지닌 대안을 선택하는 것이다. 그러나 도덕에 대한 이러한 해석의 근본적인 약점은 관련이 있는 집단 사이에 유용성의 분배를 충분히 고려하지 못한다는 점이다. 예를 들면, 특권을 지닌 부유한 사람들과 소외된 가난한 사람들로 동등하게 구분된 사회로서 다음과 같은 대안에 직면한 경우를 생각해 보자.

	국가 A의 선택	
	대안 A	대안 B
특권층 부유한 사람에 대한 순수 유용성	5.5조 단위	4조 단위
소외층 가난한 사람에 대한 순수 유용성	1조 단위	2조 단위
전체의 유용성	6.5조 단위	6조 단위

이것이 모든 관련이 있는 유용성이라면, 공리주의 윤리학은 비록 대안 B가 보다 높은 최소한의 공정분배를 제공하더라도 대안 A를 옹호한다. 그리고 만약 두 대안에 대한 유용성의 가치가 다음

56

과 같다면,

	국가 A의 선택	
	대안 A	대안 B
특권층 부유한 사람에 대한 순수 유용성	4조 단위	5조 단위
소외층 가난한 사람에 대한 순수 유용성	2조 단위	1조 단위
전체의 유용성	6조 단위	6조 단위

공리주의 윤리학은 대안 A가 다시 보다 높은 최소한의 공정분배를 제공한다는 사실에도 불구하고, 그 대안 사이에 관심을 갖지 않게 된다. 이런 방식으로 공리주의 윤리학은 관련이 있는 집단 사이에 유용성의 분배를 고려하지 못한다. 이 윤리학에서 중요한 것은 전체의 유용성을 극대화하는 것이며, 영향을 받는 집단 사이의 유용성의 분배는 그것이 목적의 달성에 도움이 되는 한에서만 고려된다.

이와 대조하여, 우리가 고려하는 형식에 있어 아리스토텔레스 윤리학의 주요 강점은 그것이 좋은 결과를 추구하면서 선택될 수 있는 수단을 제한한다는 점이다. 특히 아리스토텔레스 윤리학은 그 결과가 무엇이든지 의도적으로 악을 행하는 것을 절대적으로 금한다. 그러나 좋은 결과를 추구하면서 이용할 수 있는 수단에 어떤 제한이 바람직한 것처럼 보이더라도 아리스토텔레스 윤리학의 이런 해석의 주요 약점은 그것이 부과하는 제한이 너무 심하다는 점이다. 참으로 이 제한에 대한 예외는 행해지는 악이 다음과 같을 때마다 정당화되는 듯하다.

1. 사소한 경우(예를 들어, 혼잡한 지하철을 벗어나기 위해 어떤

사람의 발을 밟는 것)

2. 쉽게 고칠 수 있는 경우(예를 들어, 일시적으로 의기소침한 친구에게 자살하는 것을 막기 위해 거짓말을 하는 것)

3. 그 행위의 결과에 의해 충분히 능가되는 경우(예를 들어, 200명의 민간인 인질 모두의 처형을 막기 위해 가능한 유일한 방법으로 200명 가운데 한 사람의 인질을 사살하는 것)

이 윤리학의 또 하나의 약점은 그것이 실천적인 문제를 해결할 효과적인 의사결정 절차를 결여하고 있다는 점이다. 좋은 결과를 추구하는 데 이용될 수 있는 수단에 제약을 부과하는 것을 넘어서, 이 윤리학의 옹호자들은 이용할 수 있는 대안들 중에서 선택을 위한 기준에 동의한 바가 없다.

칸트 윤리학의 주요 강점은, 아리스토텔레스 윤리학과 마찬가지로 그것이 좋은 결과를 추구하는 데 이용할 수 있는 수단에 제한을 가한다는 점이다. 그러나 우리가 고려한 아리스토텔레스 윤리학의 해석과는 달리, 칸트 윤리학은 의도적으로 악을 행하는 데 대해 절대적인 제한을 부과하지 않는다. 무지의 베일 뒤에서 사람들은, 그 악이 사소하거나, 쉽게 고칠 수 있거나 혹은 그 행위의 결과에 의해 충분히 능가될 수 있다면 그 악을 허용하는 적당한 정당화가 있을 수 있다고 확실히 동의할 것이다. 다른 한편으로 칸트 윤리학의 주요 약점은 그것이 수입과 부를 분배하는 방법의 문제, 멀리 떨어져 있는 사람들의 문제나 미래세대의 문제와 같은 어떤 실천적 문제를 해결하는 데 효과적인 의사결정 절차를 제공한다 하더라도 동물의 권리와 환경의 정의와 같은 문제에는 도움이 되지 않는 것 같다. 왜냐하면 우리가 동물과 식물이 무지의 베

58

일 뒤에서 선택한다고 어떻게 생각할 수 있는가?

그러나 우리 자신을 동물이나 식물이라고 생각하는 것이 불가능하지는 않지만 어려울 수 있는 반면에, 칸트 윤리학을 인간 이외의 것[존재자]들의 이익이 중요할 수 있다는 가능성을 고려할 정도로 보다 일반적으로 정식화하는 것은 가능한 듯하다. 그렇게 정식화하면, 칸트 윤리학의 기본 원리는 다음과 같게 된다:

무지의 베일 뒤에서 그 행동의 영향을 받는 모든 존재자들의 입장에서 만장일치로 동의될 수 있는 그런 행동을 하라.

이 정식이 주어지면, 만약 비합리적인 인간의 이익을 옹호하는 사람들이 합리적으로 행하면서, 또한 어떤 행동에 동의할 수 있다면, 마치 무지의 베일 뒤에서 비합리적인 인간의 입장에서도 그런 행동을 만장일치로 받아들일 수 있는 것처럼, 인간 이외의 존재자의 이익을 옹호하는 사람들이 합리적으로 행하면서, 또한 어떤 행동에 동의할 수 있다면, 무지의 베일 뒤에서 인간 이외의 존재자의 입장에서도 그런 행동을 만장일치로 받아들일 수 있다.

한편 인간 이외의 존재자의 이익이 중요하다는 가능성을 허용하는 방식으로 칸트 윤리학을 정식화하는 것이 가능하지만, 아직 이것은 일반적으로 행하여지고 있지 않다. 실제로 전통윤리학의 옹호자들은 일반적으로 인간 이외의 생물의 이익을 고려하지 못했다. 물론 인간 이외의 생물의 이익이 환경주의의 도전을 생기게 했다. 그럼에도 불구하고 전통윤리학은 여성주의나 문화 다원주의의 도전뿐 아니라 이 환경주의 도전을 다룰 수단이 없는 것이 아니다. 그것이 상대주의(도덕은 상대적인가?), 합리성(도덕은 합

리적으로 요구되는가?) 그리고 실천적 요구사항(도덕은 무엇을 요
구하는가?)의 문제를 이 장에서 고려하면서 수립하고자 한 것이
다. 그러므로 내가 옳다면, 전통윤리학은 다음과 같은 것을 보여
줄 수 있다:

(1) 도덕적 상대주의는 받아들이기 어려운 이론이다.
(2) 도덕은 합리적으로 요구되며 단지 합리적으로 허용되지 않
는다.
(3) 내가 정식화했듯이 칸트 윤리학의 요구사항을 옹호할 좋은
이유가 있다.

따라서 이것들과 전통윤리학의 다른 성과들이 주어지면, 우리가
계속해서 환경주의, 여성주의 및 문화 다원주의의 도전을 다루고
그것들에 당연한 권리를 부여하는 것이 그리 어렵지 않을 것이다.

제2장 환경주의

전통윤리학에서 인간 중심의 편견과
그것을 교정하는 방법

　전통윤리학이 인간 이외의 생물의 이익을 충분히 고려하지 못하기 때문에, 환경주의자들은 전통윤리학이 인간 중심의 편견에 사로잡혀 있다고 도전하고 있다. 전통윤리학에 대한 이러한 도전에 대한 최근의 관심은 싱어(Peter Singer)가 1973년 《뉴욕서평》(*New York Review of Books*)에 발표한 "동물 해방"이라는 논문의 출판으로 거슬러 올라간다. 같은 제목의 그의 책은 2년 후에 출판되었다.[1] 싱어는 동물 이용의 가장 심각한 두 가지 형태인 공장형 영농과 동물실험에 초점을 맞추었다.

　공장형 영농에서, 수백만의 동물이 그들의 짧은 생애가 고통과 괴로움으로 지배되는 방식으로 사육되었다. 육용의 송아지들을 좁은 축사에 넣고 그들이 회전하거나, 편안하게 눕거나, 그들 자신을 돌볼 수 없도록 사슬로 묶어 두었다. 그들이 빨리 살찌게 하고, 빈혈증을 유지하도록 철분이 제거된 유동식만을 전적으로 먹였다. 그리고 목마른 동물이 물을 마시는 동물보다 더 많이 먹기 때문에, 그 소들에게 물을 공급하지 않았다. 동물실험은 연간 세계적으

---

1) Peter Singer, *Animal Liberation*, 개정판(New York: Avon Books, 1992).

로 대략 2억의 동물에게 영향을 미치는 거대 사업이다.[2] 이런 동물들의 상당 부분이 토끼 눈이 보이지 않게 하는 드레이즈 눈 검사나 널리 이용되면서도 널리 비판받는 LD50 독성 검사[3]와 같은 상업용 독성 검사에 이용된다.

싱어의 공리주의적 환경주의

싱어는 그가 "종차별(種差別)"이라고 부르는 동물에 대한 편견을 흑인과 여성에 대한 편견과 비교함으로써 동물 해방에 대해 찬성 의견을 말하고 있다. 싱어에 따르면, 우리가 민족차별주의와 성차별주의에 반대하는 근거는 또한 종차별에 반대하는 근거이다. 왜냐하면 모든 형식의 차별은 공리주의 윤리학의 중심 원리인 동등하게 고려하는 원리에 어긋나기 때문이다. 싱어에 따르면, 민족차별주의자는 이익이 충돌하는 경우에 그들 자신이 속한 민족의 구성원의 이익에 부당하게 보다 큰 비중을 둠으로써 이 원리를 어긴다; 성차별주의자는 이익이 충돌하는 경우에 그들 자신이 속한 성의 구성원의 이익에 부당하게 보다 큰 비중을 둠으로써 이 원리를 어긴다. 그리고 종차별주의자는 이익이 충돌하는 경우에 그들 자신이 속한 인간이라는 종의 구성원의 이익에 부당하게 보다 큰 비중을 둠으로써 이 원리를 어긴다.

---

2) Bernard Rollins, *Animal Rights and Human Morality* 제2판(New York : Prometheus Books, 1992), 제3장.; Alex Fino, *Lethal Laws*(New York : Zed Books, 1997), 제1장.
3) 동물 표본의 50%의 치사량을 찾기 위해 고안된 검사(옮긴이 주).

동물도 고통과 즐거움에 대한 능력을 가지기 때문에 이해관계를 가진다고 싱어는 주장한다. 동등하게 고려하는 원리에 따르면, 동물이 느끼는 고통을 인간이 느끼는 동일한 양의 고통(혹은 쾌락)보다 덜 중요한 것으로 생각할만한 정당한 이유가 없다. 이 견해의 실천적 요구사항에 관하여, 싱어는 만약 우리가 비슷한 정신적 수준에서 인간의 생명에 부여하는 것과 같은 존중을 동물의 생명에 부여한다면 우리가 바른 길에서 벗어날 수 없다고 주장한다. 결국 싱어는 우리의 음식, 우리가 사용하는 영농방식, 과학의 많은 분야에서의 실험 절차, 야생생물을 사냥하고 덫으로 잡는 방식, 모피 옷의 착용, 서커스와 로데오, 동물원과 같은 오락의 영역에 근본적인 변화를 주어야 한다고 생각한다.

리건의 칸트주의적 환경주의

싱어가 동물 해방을 위하여 그의 공리주의적 환경주의를 전개한 같은 시기에, 리건(Tom Regan)은 칸트주의적 환경주의를 제안했다.[4] 리건에 따르면 우리가 인간 이외의 동물들을 다룸에 있어서 근본적으로 잘못된 것은 그들을 단순히 우리가 이용할 수단이라고 생각하는 것이다. 리건은 우리가 동물들에 대해 가져야 할 의무와 우리와 대비되는 그들의 권리에 대한 정확한 근거는 삶을 경험하는 주체로서 그들의 본래적 가치라고 주장한다. 그들은 이 본래적 가치를 우리 자신과 동등하게 소유한다. 삶을 경험하는 주

---

4) Tom Regan, *The Case for Animal Rights*(Berkeley: University of California Press, 1983).

체인 동물들이 동등하게 존중받을 자격이 있기 때문에, 리건은 우리가 전적으로 과학에서 동물의 사용을 폐지하고, 상업적인 동물 사육을 끝내며, 상업용이나 스포츠로서 사냥하는 것과 덫을 놓는 것을 다 제거해야 한다고 주장한다. 동물들이 본래적 가치를 가지고 있으나 인간들에 비해 그 정도가 낮다고 인정하려는 사람들에게 대하여 리건은 그 견해가 옹호될 수 있으려면, 비슷하게 결함이 있는 인간들도 또한 본래적 가치를 낮은 정도에서 가지고 있는 것으로 파악되어야 한다—이 입장은 리건이 느끼기에 그의 적대자들이 취하고 싶어하지 않는 것이다—고 주장한다.

그러나 싱어와 리건 양자의 견해들에서 심각한 문제는 그것들이 여전히 어떤 형식의 삶에 대해 편견에 사로잡힌 것처럼 보인다는 점이다. 싱어의 견해에 있어서 왜 감각능력이 있는 존재자들만 중요하고 모든 생물이 중요하지 않은가가 명확하지 않다. 싱어는 감각능력이 있는 존재자들만이 우리가 행하는 것이 그들에게 문제가 된다는 의미에서 이해관계를 가진다고 주장한다. 그러나 왜 이것이, 비록 감각능력이 없는 생물들도 여전히 그들 자신의 선을 가진다고 하면, 그들을 도덕적 고려에서 배제하는 근거이어야 하는가? 리건의 견해에 있어서, 왜 삶을 경험하는 주체들만이 본래적 가치를 지니고 모든 삶의 주체들이 그런 가치를 지니지 않는가가 명확하지 않다. 리건은 삶을 경험하지 않는 주체들도 그들 자신의 선을 가진다는 것을 인정하지만, 왜 이것이 그들이 도덕적으로 중요하기에 충분하지 못한가를 설명하지 않는다. 싱어의 견해와 리건의 견해에 대한 이 특별한 도전을 테일러(Paul Taylor)가 자신의 과제로 삼는다. 테일러는 모든 개별적인 생물들의 이익을 도덕적으로 고려하는 대안적인 칸트주의적 환경주의를 옹호한다.

테일러의 칸트주의적 환경주의

테일러에 따르면, 모든 개별적인 생물들은 이익을 얻을 수 있거나 혹은 해를 입을 수 있고, 그들 자신의 선을 가질 수 있으며, 따라서 도덕적 주체로서 자격을 가지고 있다.[5] 그러나 테일러는 종 자체(種自體)들이 그들 자신의 선을 지닌 도덕적 주체라는 것을 부인한다. 왜냐하면 그가 "종"을 분류의 명칭으로 간주하기 때문이다. 그리고 그의 주장에 의하면 분류는 그들 자신의 선을 가지지 않는다.[6] 그러므로 그의 견해는 "생명 중심의 개인주의"이다.

그럼에도 불구하고 종들은 그들이 진화하고, 분열하며, 새로운 종을 싹 틔우고, 위태롭게 되기도 하며, 멸종하거나, 그들 구성원들의 이익과는 구별되는 이익을 가진다는 점에서 추상적인 분류와는 다르다.[7] 예를 들면, 사슴의 특별한 종의 개별적 구성원들이 아니라, 그 종이 잡아 먹히는 데 이해관계를 가질 수 있다. 그러므로 종들은 이익을 얻을 수 있고, 해를 입을 수도 있으며, 그들 자신의 선을 가질 수도 있다. 그래서 테일러의 견해에서는 종들이 도덕적 주체로서 자격을 가지게 되는 것이다. 이와 같이 또한 테일러의 견해에서는 생태계들도 도덕적 주체로서 자격을 가지게 된다. 왜냐하면 그들도 이익을 얻을 수 있고, 해를 입을 수도 있으

---

5) Paul Taylor, *Respect for Nature*(Princeton: Princeton University Press, 1986), 68~71면, 17면.

6) 같은 책, 68~71면.

7) 종에 대하여 생각하는 한 가지 방법은 다른 유기체에서 연속적으로 구현되는 진행중의 유전학적인 계통으로서이다. Lawrence Johnson, *A Morally Deep World*(New York: Cambridge University Press, 1991), 156면, Holmes Rolston Ⅲ, *Environmental Ethics*, 제4장을 보라.

66

며, 그들 구성원들이 공유하지 않은 특징이나 이해관계를 가지면서 그들 자신의 선을 가질 수도 있기 때문이다.[8] 종들과 생태계들이 그들 자신의 선을 지닌 도덕적 주체일 수 있다고 인정하는 테일러의 환경주의에서의 이러한 수정을 표명하기 위하여 우리는 이 수정된 견해를 "생명 중심의 다원론"으로 개명할 수 있다.

그러나 테일러에 따르면, 실재들이 그들 자신의 선을 가진다고 설명하는 것이 우리가 그 실재들을 소중히 여겨야 한다는 것을 확립하지 못한다.[9] 그것을 확립하기 위하여 테일러는 다음의 네 가지 명제를 입증하는 것이 필요하다고 주장한다.

(1) 인간은 지구의 생명공동체의 구성원이다.
(2) 모든 생물은 상호의존의 규칙에 따라 서로 관련되어 있다.
(3) 각 유기체는 목적론적 생명의 중심이다.
(4) 인간이 우월하다는 주장은 근거가 없다.[10]

---

8) 생태계들은 간단하거나 복잡할 수 있고 안정되거나 불안정할 수 있으며, 그것들은 전적인 붕괴를 겪을 수도 있다. 존슨(Lawrence Johnson)의 견해를 따르면서, 우리는 계속하여 도덕적 주체를 그 유기적 통일체와 자아-동일성이 안정적인 피드백 과정(homeostatic feedback processes)에 의해 균형있게 유지되며, 에너지를 축적하기 위한 신진대사의 과정에 의해 지속되는 낮은 엔트로피의 영속하는 상태로 생명이 있는 조직체로 특징지을 수 있다. 그의 *A Morally Deep World*, 제6장을 보라. 다행히, 이 정의는 도덕적 주체(생명이 있는 조직체)를 자동차, 냉장고 등으로부터 구별한다. 이 점에 관하여 나의 논문 "A Biocentrist Fights Back", *Environmental Ethics*(Winter 1998), 361~376면을 보라. 그 곳에서 나는 생태계들이 그들 자신의 선을 가지는가에 대해 몇 가지 의문을 받아들이고, 이것이 왜 생명 중심의 다원론을 위한 다른 실천적인 함축에로 이끌지 않는가를 논한다.
9) *Respect for Nature*, 71~80면.

테일러는 다른 명제들은 거절하기 어렵기 때문에 명제 (4)를 주장하는 데 그의 대부분의 시간을 보낸다.[11] 명제 (4)를 입증하기 위하여 테일러는 어떤 생명있는 종의 구성원들을 다른 구성원들보다 우월하다고 생각할만한 선결문제 요구의 오류에 휘말려 들지 않는 근거가 없다고 주장한다. 그는 종의 구성원들이 무수한 점에서 다르다는 것을 인정하지만 이 차이가 어느 한 종의 구성원들이 다른 종의 구성원들보다 우월하다고 생각할 근거를 제공하지 않는다고 주장한다. 특히, 테일러는 종들 사이의 차이가 인간이 다른 종의 구성원들보다 우월하다고 생각할 근거를 제공한다는 것을 부인한다. 테일러는 인간이 다른 종의 구성원들에게 없는 합리성과 도덕적 작용과 같은 뚜렷이 구별되는 특성을 가지고 있다는 것을 인정한다. 그는 인간 이외의 종의 구성원들이 인간에게 없는 비둘기의 귀소 능력, 치타의 속력, 양과 소의 반추 능력과 같은 뚜렷이 구별되는 특성을 가지고 있다는 것 또한 지적한다.

인간이 가지고 있는 뚜렷이 구별되는 특성이 다른 종의 구성원들이 소유하는 뚜렷이 구별되는 특성보다 더 가치가 있는 것이 아니다. 왜냐하면 그러한 주장을 정당화하는 선결문제 요구의 오류에 휘말려 들지 않는 입장이 없기 때문이다. 인간의 입장에서는 합리성과 도덕적 작용이 인간 이외의 종들에서 발견되는 뚜렷이 구별되는 그 어떤 특성보다 더 가치가 있다. 왜냐하면 인간으로서 우리는 그러한 특성들을 인간 이외의 종들에서 발견되는 뚜렷이 구별되는 특성과 바꾸더라도 한결 더 잘살 수 없을 것이기 때문이다. 게다가 똑같은 관점이 인간 이외의 종들에게도 유효하다. 일반

---

10) 같은 책, 99~168면.
11) 같은 책, 129~156면.

적으로 비둘기, 치타, 양과 소도 그들의 뚜렷이 구별되는 특성을
다른 종의 뚜렷이 구별되는 특성과 바꾸더라도 한결 더 잘살 수
없을 것이다.

물론 어떤 종의 구성원들이 한편으로 어떤 다른 종들이 소유하
고 있는 뚜렷이 구별되는 특성 중에서 하나 혹은 다른 것을 획득
하면서, 그들 종의 뚜렷이 구별되는 특성을 유지할 수 있다면 한
결 더 잘살게 될 것이다. 예를 들어, 우리 인간이 한편으로 양과
소의 반추 능력을 획득하는 반면에, 우리의 뚜렷이 구별되는 특성
을 유지할 수 있다면 한결 더 잘살게 될 것이다.[12] 그러나 종의 뚜
렷이 구별되는 특성 중 많은 것이 실질적으로 최초의 종을 바꾸지
않으면서 다른 종의 구성원에게 상상으로도 부가될 수 없다. 예
를 들면, 치타가 인간이 소유한 뚜렷이 구별되는 특성을 획득하기
위하여, 아마 인간과 같은 정신능력을 수용하기 위하여 치타의 발
은 손과 같은 것이 되도록 변형되어야 할 것이고, 그 때문에 그
뚜렷이 구별되는 속력을 상실하고 치타이기를 그만 두게 될 것이
다. 그래서 뚜렷이 구별되는 인간적인 특성을 소유하는 것이 치타
에게 좋을 수가 없다.[13] 그리고 진화적으로 가장 가까운 친척에게
는 예외가 있을 수 있겠으나, 꼭 같은 관점이 다른 종의 구성원들

---

12) 신이 존재한다고 가정하고, 인간들이 신의 속성 중에서 하나 혹은 다른 것을
   획득하면서 그들의 뚜렷이 구별되는 특성을 유지할 수 있다면, 인간들은 또한
   한결 더 잘살게 될 것이다. 그러나 이 가능성과 다른 관련된 가능성을 고려하
   게 되면 우리는 너무 멀리 벗어나게 될 것이다. 인간 이외의 존재자들이 그들
   의 뚜렷이 구별되는 특성을 유지하면서 인간 이외의 다른 종들의 구성원들이
   소유한 뚜렷이 구별되는 특성 중에서 하나 혹은 다른 것을 획득할 수 있다면,
   인간 이외의 존재자들도 또한 한결 더 잘살게 될 것이다.
13) 이것은 치타가 채울 수 있는 환경적인 적소(適所)가 있다고 가정한다.

에게도 유효하다: 그들도 뚜렷이 구별되는 인간적인 특성을 가진
다고 하여 한결 더 잘살 것 같지 않다.[14] 단지 동화나 디즈니의 세
계에서만 인간 이외의 종의 구성원들이 뚜렷이 구별되는 인간적
인 특성을 완전하게 즐길 수 있을 것이다. 그래서 뚜렷이 구별되
는 인간적인 특성이 다른 종들이 소유한 뚜렷이 구별되는 특성보
다 더 가치가 있다고 판단할 수 있는 선결문제 요구의 오류에 휘
말려 들지 않는 입장은 없는 것 같다. 선결문제 요구의 오류에 휘
말려 들지 않는 입장에서 판단한다면, 인간이 우월하다는 주장이
근거가 없다고 테일러는 주장한다.

　테일러에 따르면, 인간이 우월하다는 주장은 근거가 없고, 생명
중심의 견해중 처음의 세 가지 명제를 지지할 수 있게 되면, 합리
적이며 지식을 갖춘 사람은 인간이 우월하다는 주장을 마땅히 거
절해야 한다.[15] 테일러는 인간이 우월하다는 주장을 거절하고, 보
다 일반적으로 어떤 종이 다른 종보다 본래적으로 우월하다는 주
장을 거절하면, 거기에 대응하여 종-공평의 원리(principle of
species impartiality)[16]가 수반된다고 주장한다.

　그럼에도 불구하고, 테일러의 논증이 보다 직접적으로 규범적인
전제들에 기초를 두도록 그의 논증을 수정할 수 있다.[17] 다음의 정
식화를 생각해 보자:

---

14) 테일러의 논의에서, 특수한 종의 구성원들이 어떤 부가적인 특성을 소유하
　여 더 잘살게 될 때조차도, 그들이 그것 때문에 더 큰 도덕적 가치를 본래적
　으로 가지지 않는 점에 또한 주목하라.
15) *Respect for Nature*, 134~135면.
16) 같은 책, 154~168면.

(1) 우리는 어떤 생물에 대해서도 공격해서는 안 된다. (평등한 것은 평등하게 대우되고 불평등한 것은 불평등하게 대우되어야 한다는 형식적 평등의 원리와 같은, 다양하고 유사한 원리를 받아들이게 되면 이 원리를 거절하기가 어렵게 된다.)

(2) 인간을 총체적으로 다른 생물들보다 우월한 것으로 대우하는 것은 인간의 기본적이지 않은 욕구를 충족하기 위하여 다른 생물들의 기본적인 욕구를 희생시키며 그들을 공격하는 것이다. (정의)

(3) 그러므로 만약 인간을 총체적으로 다른 생물들보다 우월한 것으로 대우할만한 자명하거나 선결문제 요구의 오류에 휘말려 들지 않는 이유가 없다면, 우리는 인간을 그렇게 대우해서는 안 된다. (1과 2에서)

(4) 우리는 인간을 총체적으로 다른 생물들보다 우월한 것으로 대우할만한 자명하거나 선결문제 요구의 오류에 휘말려 들지 않는 이유를 가지고 있지 않다. (우리가 인간을 총체적으로 다른 생물들보다 우월한 것으로 대우할만한 선결문제 요구의 오류에 휘말려들지 않는 어떤 이유도 가지고 있지 않다는 것은 앞의 논증들에 의해서 확립되었다.[18] 우리가 그렇게 할만한 어떤 자명한 이유를 가지고 있지 않다는 것도 명백하며, 나는 이것을 받아들인다.)

(5) 그러므로 우리는 인간을 총체적으로 다른 생물들보다 우월한 것으로 대우해서는 안 된다. (3과 4로부터)

---

17) 이 정식화도 역시 그 논증을 종과 생태계를 포함하여 모든 생물에게 확대한다.

18) 앞의 논증들은 우리가 인간을 총체적으로 다른 생물들보다 우월한 것으로 대우할만한 선결문제 요구의 오류에 휘말려 들지 않는 어떤 이유도 가지고

(6) 인간을 총체적으로 다른 생물들보다 우월한 것으로 대우하지 않는 것은 인간을 총체적으로 다른 생물들과 평등한 것으로 대우하는 것이다.[19] (정의)

(7) 그러므로 우리는 인간을 총체적으로 다른 생물들과 평등한 것으로 대우해야 한다. (5와 6으로부터)

내가 지적하듯이 생명 중심의 다원론을 지지하는 논증에 대한 이 정식화의 이점은 그것이 그 논증이 의거하는 규범적 전제를 명백히 지적하고 있다는 점이다(1과 다소 낮은 정도로는 4). 테일러의 정식화에서 우리는 그 논증이 진행되는 방식에 대해 결코 전적으로 확신하지 못한다. 테일러는 그가 사실로부터 가치로, 혹은

있지 않다는 점을 확립했다. 그 과정에서 나는 인간의 우월성을 주장하기 위해 제시되는 표준적인 이유들이 선결문제 요구의 오류에 휘말려 들지 않는 표준을 충족시키지 못한다고 설명하였다. 물론 내가 그런 이유들이 현재 주어질 수 없기 때문에 우리가 그런 어떤 이유를 가질 수 없다고 확립한 것은 아니다. 그러나 여기서 이런 종류의 어떤 이유들이 있을 수 없다고 설명할 증명의 책임이 내게 있는 것이 아니라, 오히려 그 증명의 책임은 인간 이외의 자연에 대한 공격을 정당화하기 위해 인간의 우월성에 호소하는 사람들에게 있다고 여겨진다.

19) 엄밀히 말하면, 인간을 총체적으로 다른 생물들보다 우월한 것으로 대우하지 않는 것은 인간을 총체적으로 다른 생물들과 평등한 것으로 대우하거나, 혹은 총체적으로 다른 생물들보다 열등한 것으로 대우하는 것이다. 그러나 나는 '총체적으로 평등하다'는 말을 이 두 가지 가능성을 포함하기 위하여 사용하고 있다. 왜냐하면 그 가능성이 인간 이외의 자연에 대한 지배를 포함하지 않기 때문이다: 더구나 후자의 가능성은 인간이 취하고 싶지 않은 행위과정이기 때문이다. 인간을 총체적으로 다른 생물들보다 우월한 것으로 대우하지 않는 것이 인간의 기본적이지 않은 욕구를 충족시키기 위하여 다른 생물들의 기본적인 욕구를 희생시키며 그들을 공격하지 않는 것이라는 점은 명제 (2)에서 도출된다.

72

"존재"(is)로부터 "당위"(ought)로 불법적인 이동을 하고 있지 않다는 것을 확립하는 데 관심을 가지고 있으므로, 그는 그의 종-공평의 원리가 도출되어야 하는 완전한 모습의 당위나 가치를 명확히 지적하고 있지 않다.[20] 생명 중심의 다원론이 테일러의 환경주의에서의 이 결점을 교정한다.

생명 중심의 다원론에서 우선권의 원리

테일러는 그의 이론의 실제적인 의미를 명확히 하기 위하여 다수의 우선권의 원리를 제시한다.[21] 현재 드러나고 있듯이, 생명 중심의 다원론이 지닌 실제적인 의미를 확립하기 위하여 우리는 이 원리들을 수정하고 방어할 필요가 있다.

테일러의 첫번째 우선권의 원리는 다음과 같다:

자기방어의 원리
도덕적 행위자들의 존재를 유지하고 그들이 도덕적 행위능력을 행사하도록 하는 데 절대적으로 요구되는 행위는 허용된다.[22]

그러나, 이 원리의 내용은 내가 생각하기로는, 만약 그것이 두 개의 원리로 나누어진다면 보다 잘 이해된다. 첫번째 것은:

---

20) *Respect for Nature*, 47~53면, 154면.
21) 같은 책, 제6장.
22) 같은 책, 264~269면.

인간방어의 원리
비록 어떤 행동이 개별적인 동물이나 식물을 죽이거나 해치
고, 심지어 전체 종이나 생태계를 파괴해야 할 때라도 자기 자
신과 다른 인간들을 해로운 공격으로부터 방어하는 행동은 허
용된다.[23]

이 인간방어의 원리는 우리가 (1) 우리의 인격과 우리가 돌봐야
하거나 우연히 돌보게 된 다른 인간들의 인격에 대해서나, (2) 우
리가 정당하게 소유하게 된 재산과 우리가 돌봐야 하거나 우연히
돌보게 된 다른 인간들이 정당하게 소유하게 된 재산에 대해서 가
해지는 해로운 공격으로부터 우리 자신과 다른 인간들을 방어하
는 것을 허용한다.[24]

이 원리는 전통윤리학에서 적용되며, 인간들의 유해한 공격에
대하여 자기 자신이나 다른 인간들을 방어하는 행동을 허용하는
정당방위의 원리와 유사하다.[25] 그러나 인간들의 공격인 경우, 때

---

23) 이 장의 목적을 위하여, 나는 "동물"의 외연에서 인간을 배제하는 사회적 인
습을 따르겠다.

24) 인간 윤리의 범위에서 정당하게 소유하게 된 재산을 구성하는 것의 근거에
관해서는 나의 *How to Make People Just*(Totowa: Roman and Littlefield,
1988)를 보라.

25) 물론 "비폭력적인 평화주의"나 "죽음을 초래하지 않는 평화주의"가 도덕적
으로 가장 잘 방어할 수 있는 견해이기 때문에 인간방어의 원리가 전통윤리
학에서 전혀 적용되지 않는다고 주장될 수 있다. 그러나 나는 다른 곳에서 이
것이 사실이 아니며, 정당한 전쟁 이론과 모순되지 않는 또 다른 형태의 평화
주의가 이 두 가지 평화주의의 어느 쪽보다도 더 도덕적으로 방어될 수 있다
고 주장해 왔다. 나의 책 *Justice for Here and Now*(New York: Cambridge
University Press, 1998), 제7장을 보라.

74

때로 처음에는 그 공격을 참고 견디며 나중에 적절한 보상을 확보함으로써 자기 자신이나 다른 인간들을 효과적으로 방어할 수 있다. 반면 인간 이외 존재자들의 공격인 경우, 이것이 확보될 수 없으므로 미친 개를 죽이거나 모기를 치는 것과 같은 보다 유해한 방어 행위가 정당화될 수 있다. 공격적인 인간 이외의 존재자들을 저지하는 것보다는 공격적인 인간들을 저지하는 정말 보다 효과적인 방법들이 있다.[26]

우리들이 테일러의 원리를 대치할 필요가 있는 다른 또 하나의 원리는:

인간보존의 원리
한 인간의 기본적인 욕구나 다른 인간의 기본적 욕구를 충족시키는 데 필요한 행동은 비록 그 행동이 개별적인 동물들과 식물들, 혹은 심지어 전체 종들이나 생태계들의 기본적인 욕구를 공격해야 할 때에도 허용될 수 있다.[27]

일반적으로 지금 욕구가 충족되지 않으면 여러 가지 기준에 대하여 부족 혹은 결핍에 이른다. 인간의 기본적인 욕구가 충족되지 않으면 합당한 생활 기준에 대하여 부족 혹은 결핍에 이른다. 동물들과 식물들의 기본적인 욕구가 충족되지 않으면 건전한 생활

26) 심지어 인간방어의 원리가 인간의 기본적이지 않은 욕구에만 도움이 될지라도, 인간방어의 원리가 개별적인 동물이나 식물, 혹은 전체 종이나 생태계의 유해한 공격에 대하여 인간 자신이나 다른 인간을 방어하는 것을 허용한다는 점에 또한 주목하라.
27) 인간보존의 원리는 우리가 인간의 공격으로부터 인간 이외의 생물을 방어할 수 있을 때에도 한계를 또한 부과한다.

기준에 대하여 부족 혹은 결핍에 이른다. 종들과 생태계들의 기본적인 욕구가 충족되지 않으면 건전한 생활체계의 기준에 대하여 부족 혹은 결핍에 이른다. 인간들의 기본적인 욕구를 충족시키는 데 필요한 수단은 사회에 따라 크게 변할 수 있다. 대조적으로 특별한 종의 동물들과 식물들의 기본적인 욕구를 충족시키는 데 필요한 수단은 변화하지 않는 경향이 있다.[28] 물론 한편으로 어떤 욕구들만이 명확히 기본적인 것으로 분류될 수 있고, 다른 욕구들은 명확히 기본적이지 않은 것으로 분류될 수 있지만 여전히 분류하기에 다소간 어려운 다른 욕구들이 있다. 그럼에도 불구하고 도덕적/비도덕적, 합법적/불법적, 생명이 있는/생명이 없는, 인간적인/인간적이지 않은 등과 같은 이분법적인 개념들에 대해 참인 것만큼, 모든 욕구들이 기본적이거나 기본적이지 않은 것으로 명확히 분류될 수 없다는 사실 때문에, 우리가 명확히 구분되는 사례에 대하여조차 행동하지 못하도록 방해받아서는 안 된다.

전통윤리학에는 이 인간보존의 원리와 정확하게 닮은 원리는 없다.[29] 전통윤리학에는 한 사람 자신의 기본적인 욕구나 다른 사람들의 기본적인 욕구를 충족시키는 데 필요한 행동을 허용하는 자기보존의 원리가 있다. 비록 이 원리가 또 다른 사람들의 기본적 욕구를 (부작위(不作爲)의 행위에 의해) 충족시키지 못하게 되

---

28) 기본적인 욕구에 대해 더 논의하려면, 나의 *How to Make People Just*, 45면 이하를 보라.

29) 인간보존의 원리는 해악을 최소화하는 방법으로 충족되어야 한다는 것이 지적되어야겠다. 이것은 다음과 같은 의미에서이다. 다른 조건이 같다면, 감각능력이 있는 존재자들에 가해질 수 있는 고통을 피하기 위하여 감각능력이 있는 생물들보다는 오히려 감각능력이 없는 생물들을 공격함으로써 기본적인 욕구가 충족되어야 한다.

76

더라도 그렇다. 예를 들면, 비록 이 원리가 개발도상국 사람들의
기본적인 요구를 충족시키지 못하게 되더라도, 우리는 우리 자신
이나 우리의 가족을 부양하기 위해 우리의 자원을 사용할 수 있
다. 그러나 일반적으로 우리는 우리 자신의 기본적 욕구나 우리가
돌봐야 하거나 우연히 돌보게 된 다른 사람들의 기본적인 욕구를
충족시키기 위하여 어떤 사람들의 기본적인 욕구를 (작위(作爲)의
행위를 통해) 우리가 공격하는 것을 허용하는 원리를 가지고 있지
않다. 실제로, 우리가 우리 자신의 기본적인 욕구나 우리가 돌봐야
하거나 우연히 돌보게 된 사람들의 기본적인 욕구를 충족시키기
위하여 다른 사람들의 기본적인 욕구를 공격하는 것을 허용하게
되는 가장 가까운 사례는 어느 누구도 이용할 수 있는 자원에 대
해 앞서는 권리가 없는 구명 보트의 사례에서 생사를 건 투쟁의
결과를 받아들이는 것이다. 예를 들어, 만약 당신이 당신 자신을
위해서나 당신 가족의 구성원들을 위해서 구명 보트에서 마지막
자리를 확보하기 위해서 다른 사람들과 싸워 이겨야 한다면, 우리
는 당신이 당신 자신의 기본적인 욕구나 당신 가족의 구성원들의
기본적인 욕구를 충족시키기 위하여 당신이 싸워야 하는 사람들
의 기본적인 욕구를 정당하게 공격했다고 말할 수 있을 것이다.[30]
　지금 인간보존의 원리는 비록 인간들의 기본적인 욕구를 공격
하는 것이 우리 자신의 기본적 욕구 혹은 다른 인간들의 기본적인
욕구를 충족시키는 유일한 방법이라 하더라도, 그것을 허용하지
않는다. 오히려 이 원리는 인간 이외의 생물들의 기본적인 욕구를
단순히 공격함으로써 우리 자신의 기본적인 욕구나 다른 인간들

---

30) 여기서 우리가 구명정 사례가 처음부터 일어나지 않게 예방할 강한 의무를
　　또한 가지고 있음을 인정하는 것이 중요하다.

의 기본적인 욕구를 충족시키는 것에 관하여 다른 범위의 사례로 방향을 돌린다. 이 사례와 관련하여, 인간보존의 원리는 비록 개별적인 동물들이나 식물들 혹은 심지어 전체적인 종들이나 생태계들의 기본적인 욕구를 공격해야 할지라도 인간 자신의 기본적인 욕구나 다른 인간들의 기본적인 욕구를 충족시키는 데 필요한 행동을 허용한다.

물론, 우리는 우리 자신의 기본적인 욕구나 다른 인간들의 기본적인 욕구를 충족시키기 위하여 인간들과 인간 이외의 존재자들 양자의 기본적인 욕구를 우리가 공격하는 것을 허용하는 원리인 훨씬 더 관용적인 인간보존의 원리를 계획할 수 있었다. 그러나 한편 식인(食人)의 풍습을 허용함으로써 그런 원리를 채용하는 것이 인간들이 다른 종들을 약탈하는 정도를 명확히 감소시키고, 그래서 다른 종들에게 어떤 이득이 될 수는 있지만, 인간들의 기본적인 욕구를 충족시키는 점에서 보면 그것은 명확히 그 뜻에 어긋나는 것이다. 이것은 동료 인간들로부터 상당한 정도의 이타적인 관용을 합리적으로 기대하는 데 바탕을 둔 암묵의 불가침 조약이 크게 도움이 되어 왔으며, 아마도 인간 종의 생존을 위해서 필요했기 때문이다. 그래서 인간들이 인간 이외의 구성원들의 기본적인 욕구를 단순히 공격함으로써 인간들의 기본적 욕구를 쉽게 충족시킬 수 있을 때 그런 이익을 단념하는 것이 인간들에게 이익이 되는 방법을 아는 것이 어렵다. 이 경우에 이런 방법으로 인간들의 기본적인 욕구를 충족시키는 것이 도덕적으로 허용될 수 있게 된다.

물론 우리는 예를 들어, 멸종 위기에 있는 특정한 종을 보호하기 위하여, 그 종을 제외한 인간 이외의 어떤 종의 구성원들의 기

78

본적인 욕구를 공격함으로써 우리의 기본적인 욕구를 충족시켜야
할 때도 있다. 그러나 그러한 자격 요건들이 도덕적으로 요구될
수 있지만, 대체로 그것들이 인간보존의 원리를 도덕적으로 수용
하는 것을 해치지는 않을 것이다.[31] 따라서 인간방어의 원리와 인
간보존의 원리는 그 자체를 정당화하면서 테일러의 자기 방어의
원리에서 기껏해야 암묵적이던 것을 명확히 하고 있다.

테일러의 그 다음의 두 가지 원리는 아래와 같다:

균형의 원리
인간의 기본적이지 않은 이익을 추구하는 행동들이 (야생의)
동물들과 식물들의 기본적인 이익을 공격할 때 그 행동들은
금지되며, 또한 자연존중의 태도와 모순된다.

최소해악의 원리
만약에 인간들의 어떤 기본적이지 않은 이익을 추구하는 행동
들이 자연존중의 태도와 모순되지 않고, 또한 그러한 인간들
의 기본적이지 않은 이익을 추구하는 어떤 다른 방법도 더 적
은 해악을 포함하지 않는다면, 심지어 그 행동들이 (야생의)
동물들과 식물들의 기본적인 이익을 공격할 때에도 허용될 수
있다.[32]

---

31) 인간보존의 원리는 무제한적인 출산권을 뒷받침하지 않는다는 점이 또한 지
   적되어야 하겠다. 실제로 여기서 전제되는 정의의 이론은 미래에 가능한 존재
   의 기본적 욕구보다는 현존하는 존재의 기본적 욕구에 우선권을 부여한다. 그
   리고 이 정의의 이론은 (인간의) 출산을 효과적으로 제한해야 한다.
32) *Respect for Nature*, 269~291면.

그러나 이해하기 어려운 것은, 이 원리들에 따르면, 어떻게 (야생의) 동물들과 식물들의 기본적인 욕구를 공격하는 어떤 방법은 자연존중의 태도와 모순되고, 반면에 (야생의) 동물들과 식물들의 기본적인 욕구를 공격하는 다른 방법은 자연존중의 태도와 모순되지 않느냐 하는 것이다. 이 원리들은 확실히 테일러의 나머지 이론과도 모순되는 것 같다.

균형의 원리에 의해 금지되는 행위의 사례로서, 테일러는 관광상품을 새기기 위해 그 엄니의 상아가 이용되는 코끼리의 도살과 즐거운 오락으로 행해지는 모든 수렵과 낚시질을 인용한다.[33] 최소해악의 원리에 의해 허용되는 행위의 사례로서, 그는 도서관을 세우면서 자연 서식지가 파괴되거나 공항, 철도, 항구나 고속도로를 건설하면서 자연 생태계가 심각하게 붕괴되는 것을 인용한다.[34] 이 사례들이 주어진다면, 인간들의 기본적이지 않은 욕구보다 오히려 인간들의 기본적인 욕구에 도움이 되므로 최소해악의 원리에 의해 허용된다거나, 혹은 적어도 그 행동들이 그런 욕구에 도움이 될 때 정당화된다고 테일러가 간주하는 행동들을 고려하는 것이 보다 바람직할 것이다.[35] 만약 우리가 이렇게 한다면, 우리는 이 두 가지 원리를 하나의 원리로 대체할 수 있을 것이다. 그것은 다음과 같다:

---

33) 같은 책, 274면.
34) 같은 책, 276면.
35) 여기서 기본적인 욕구의 기술(記述)에 의존하는 것이 어떤 본질주의자의 인간성 이론을 전제하지 않고 있다는 것을 인정하는 것이 중요하다. 나의 *How to Make People Just*, 45면 이하를 보라.

80

불균형 배제의 원리[36]

인간의 기본적이지 않은 욕구 혹은 사치스런 욕구를 충족시키는 행동들은, 그 행동들이 개별적인 동물들과 식물들, 혹은 전체 종들이나 생태계들의 기본적인 욕구를 공격할 때, 금지된다.

지금 이 원리는 어떤 사람의 기본적이지 않은 욕구 혹은 사치스런 욕구를 충족시키는 것이 다른 사람들의 기본적인 욕구를 만족시키는 것과 충돌할 때 그런 욕구를 충족시키는 것을 금하는, 전통윤리학에서 발견되는 원리와 정확하게 유사하다.[37]

의심할 바 없이, 인간 이외의 자연에 대하여 이 같은 원리를 채택하게 되면, 우리가 우리의 삶을 사는 방식을 상당히 바꾸게 될 것이다. 그러나 이 같은 원리를 받아들일 수 있으려면, 모든 생물들이 평등하다는 주장에 우리가 어떤 실질적인 내용을 가질 수 있어야 한다. 우리가 모든 생물들이 평등하다고 일관성 있게 주장하면서 여전히 우리 자신의 기본적이지 않은 욕구 혹은 사치스런 욕구에 도움이 될 때마다 어떤 생물들의 기본적인 욕구를 공격할 수 없는 것은 우리가 모든 인간들이 평등하다고 일관성 있게 주장하면서 여전히 우리 자신의 기본적이지 않은 욕구 혹은 사치스런 욕구에 도움이 될 때마다 어떤 인간들의 기본적인 욕구를 공격할 수

---

36) 이 원리는 원문대로 따르면 불균형의 원리(A Principle of Disproportionality)이나 내용상 불균형 배제의 원리로 번역한다(옮긴이 주).

37) 이 원리는 복지 개혁주의자나 사회주의자가 명백히 받아들일 수 있다. 그리고 그것은 내가 다른 곳에서 길게 전개해 온 논증에 의해 자유주의자도 받아들일 수 있다고 설명될 수 있다. 나의 *Justice for Here and Now*, 제3장을 보라.

없는 것과 같다.[38] 따라서, 만약 모든 생물들의 평등이 무엇인가를 의미할 수 있으려면, 그것은 불균형 배제의 원리에 의해 요구되듯이 인간들의 기본적이지 않은 욕구를 충족시키는 데만 도움이 되는 공격적인 행동에 대해 인간 이외의 존재자들의 기본적인 욕구가 보호되는 경우이다.[39] 게다가, 여기서 테일러의 두 가지 원리를 불균형 배제의 원리로 대체하면, 우리는 테일러의 우선권의 원리와 그의 이론 사이에 명백한 모순을 성공적으로 피할 수 있다.[40] 테일러는 다른 두 가지 우선권의 원리들을 가지고 있는데, 그것들은 다음과 같다:

---

38) 물론 자유주의자들의 주장에 의하면, 우리는 사람들이 다른 인간들의 기본적인 욕구를 충족시키지 못하지만 희생시키지 않으면서 동등한 기본권을 가진다는 것을 인정할 수 있다. 그러나 나는 이 주장이 잘못되었다고 길게 주장한 바 있다. 앞의 주석의 참고문헌을 보라.

39) 비록 불균형 배제의 원리가 개별적인 동물이나 식물, 혹은 전체종이나 생태계의 기본적인 욕구를 공격하는 것을 금할지라도, 인간보존의 원리는 동물과 식물 혹은 전체종이나 생태계의 유해한 공격에 대하여 자기 자신이나 다른 인간을 방어하는 것이 인간의 기본적이지 않은 욕구에만 도움이 되더라도 이것을 허용한다는 것이 지적되어야겠다. 기본적인 생각은 우리가 인간 이외의 다른 존재자들을 공격하지 않고, 다만 그들의 공격에 대해 우리의 신체와 재산을 방어함으로써 우리의 기본적이지 않은 욕구를 합법적으로 증진시킬 수 있다는 것이다. 인간이 공격하는 경우에는 다소 더 약한 형태의 방어의 원리가 유효하다: 우리는 그 공격이 인간의 기본적인 욕구를 충족하는 유일한 방법으로 기도되는 때를 제외하고 우리의 신체와 재산을 방어함으로써 우리의 기본적이지 않은 욕구를 합법적으로 증진시킬 수 있다.

40) 우리 자신의 기본적인 욕구 혹은 우리가 우연히 돌보게 된 인간들의 기본적인 욕구를 충족시키기 위하여 인간 이외의 자연을 공격하는 것이 필요할 때마다 이 논증이 그것을 허용한다는 점에서 이것이 종차별주의자의 편견이라

분배적 정의의 원리

이 원리에 의하면, 집단들의 이익이 모두 기본적인 것이고, 어떤 집단의 이익을 위해 사용될 수 있는 자연적인 재화가 존재할 때 각 집단은 동등한 몫을 할당받아야 한다.

보상적 정의의 원리

이 원리에 의하면, 최소해악의 원리를 따르게 될 때마다 혹은 분배적 정의의 원리를 불완전하게 따르게 될 때마다, 만약 우리의 행위가 자연존중의 태도와 완전하게 모순이 없으려면 어떤 형식의 배상이나 보상이 이루어져야 한다.

불행하게도 동등한 몫을 요구함으로써, 테일러의 분배적 정의의 원리는 이종간 윤리(異種間 倫理)의 원리로서는 말할 것도 없고, 오직 인간들에게만 적용되는 원리로서조차도 너무 지나치게 요구하고 있다. 기본적인 욕구가 문제가 될 때, 인간방어의 원리와 인간보존의 원리는 보다 합리적인 요구사항을 부과한다. 따라서 우리는 단순히 테일러의 분배적 정의의 원리를 버려야 하고, 그래서 지나치게 요구한다는 비난을 피해야 한다.

게다가 다른 원리들에서 변화가 주어지면, 생명 중심의 다원론은 다른 보상의 원리를 요구하게 되는데, 그것은 다음과 같다:

는 이의가 여기서 제기될 수 있겠다. 우리 자신의 기본적인 욕구 혹은 우리가 우연히 돌보게 된 인간들의 기본적인 욕구를 충족시키기 위하여 인간들의 기본적이지 않은 욕구를 공격하는 것이 필요할 때마다, 일단 그것이 허용된다면 이 반대는 확실히 그 설득력을 상당부분 상실하게 된다.

보상의 원리

다른 원리들을 위반하게 될 때마다 적당한 배상이나 보상이
요구된다.

명백하게, 이 원리는 테일러의 보상적 정의의 원리처럼, 다소
모호하다. 그러나 다른 세 가지 우선권의 원리들을 지키려고 하는
사람들에게는 실제 문제로서 그 모호함을 개선할 수 있어야 한
다.

이 점에서, 테일러의 환경주의를 내가 재 정식화한 것이 전체주
의자와 개인주의자 사이의 충돌을 충분히 고려하지 못했다는 이
의가 제기될 수 있겠다. 전체주의자에 따르면, 어떤 종의 선(善),
혹은 생태계의 선, 혹은 전체 생명 공동체의 선이 개별적인 생물
들의 선보다 우세할 수 있다.[41] 개인주의자에 따르면, 각 개별적인
생물들의 선이 존중되어야 한다.[42]

지금 누구나 '전체주의자는 우리가 나의 인간보존의 원리를 버
리도록 요구하리라'고 생각할 수 있다. 이것을 좀 더 살펴보자. 사
람들의 기본적인 욕구가 문제가 된다고 가정한다면, 어떻게 그들
이 그 기본적인 욕구를 충족시키려고 노력하는 것을, 비록 그것이
인간 이외의 개체, 종, 혹은 전체 생태계, 심지어 전체 생명 공동체
에 해를 끼치게 된다고 하더라도, 도덕적으로 반대할 수 있겠는

---

41) 레오폴드(Aldo Leopold)의 견해는 보통 이런 의미에서 전체주의적이라고
    해석된다. 레오폴드는 "어떤 것은 생명공동체의 완전성, 안정성과 아름다움을
    유지하는 경향이 있을 때 옳다. 그것이 다른 경향이 있을 때 그것은 그르다."
    고 말했다. 그의 *A Sand County Almanac*(Oxford: Oxford University
    Press, 1949)를 보라.
42) 테일러(Paul Taylor)는 언제나 개인주의적 견해의 옹호자로 생각되어 왔다.

가?[43] 물론, 우리는 그러한 충돌 사례에 있는 사람들에게 인간 이외의 개체, 종, 생태계, 혹은 전체 생명 공동체에 대한 해를 막기 위하여 그들의 기본적 욕구를 충족시키지 않도록 요구할 수 있다. 그러나 만약 사람들의 기본적인 욕구가 문제가 된다면, 우리는 그들이 그러한 희생을 하도록 합리적으로 요구할 수 없다. 물론 우리는 처음부터 그러한 충돌이 생기는 것을 막기 위하여 사람들이 합리적으로 행할 수 있는 모든 것을 행하도록 요구할 수 있다. 왜냐하면 바로 전통윤리학에서처럼 단순히 일찍부터 도덕적으로 요구되는 것을 행함으로써 많은 심각한 이익의 충돌을 피할 수 있기 때문이다.[44] 그럼에도 불구하고, 사람들의 기본적인 욕구가 문제가 될 때, 개인주의자의 입장은 논쟁의 여지가 없는 것 같다. 우리는 사람들이 성자(聖者)가 되도록 합리적으로 요구할 수 없기 때문이다.[45]

---

43) 나는 이 충돌 사례들에서 다른 인간의 선이 문제가 되지 않는다고 가정하고 있다. 만약 그렇지 않다면, 우리가 이미 주목하였듯이 다른 고려가 적용될 수 있다. 그것은 다른 종, 생태계 혹은 어느 정도까지는 전체 생명 공동체에 상당한 해악이 있을 때마다, 마찬가지로 인간에게도 상당한 해악이 있을 수 있고, 따라서 그러한 행동이 그러한 근거에서 금지되는 경우일 수 있다.

44) 예를 들면, 일찍부터 우리가 후세인(Saddam Hussein)의 군사적인 강화를 지원하지 않았더라면 우리가 이라크와의 전쟁을 피할 수 있었으리라는 것이 지금은 아주 분명하다.

45) 더구나, 인간이 전체 생명 공동체에 미치는 영향을 평가하는 방법에 의존하여, 인간들이 전체 생명 공동체의 보다 큰 이익과 충돌할 때마다 그들이 성자가 되어서 그들의 기본적인 욕구를 희생하도록 요청하는 것은 지나치게 요구하는 것일 수 있다. 예를 들어, 그것은 전체 생명 공동체의 보다 큰 이익을 위하여 인간들이 그 수의 1/10을 줄이도록 요구할 수 있다. 그러나 이것에 훨씬 미치지 못하는 합리적인 요구가 있다: 그 하나로, 전체 생명 공동체의 이익을 위하여 인간들이 강력한 인구조절정책을 실행하도록 요구된다.

동시에 사람들의 기본적인 욕구가 문제가 되지 않을 때, 우리는 인간 이외의 개체, 종, 생태계, 혹은 전체 생명 공동체에 대한 심각한 손해를 막기 위하여 전체주의적 근거에 따라 행동하는 것을 정당화할 수 있을 것이다. 명백하게, 우리의 간섭이 언제 이러한 효과를 가지게 되는가를 알기는 어렵다. 그러나 우리가 합리적으로 그러하리라고 확신할 수 있을 때, 예를 들어, 늑대 보호지역에서 고라니 떼를 추려서 죽이거나 멸종될 지경에 이른 종들의 서식지를 보호하는 것과 같은 간섭이 도덕적으로 허용될 수 있고, 또 아마도 도덕적으로 요구될 수도 있다.[46] 이것은 인간의 기본적 욕구가 문제가 될 때 개인주의자에 동의하는 것이 가능하고, 그렇지 않을 때 전체주의자에 동의하는 것이 가능함을 보여 주고 있다.

여전히 개인주의와 전체주의의 이 결합은 인간 종의 구성원들에게 보다 인간 이외의 종들의 구성원들에게 더 큰 희생을 부과함으로써 종들의 평등과 충돌하는 것 같다. 다행히도, 여기서 겉으로 드러난 현상 때문에 우리가 오해하고 있을 뿐이다. 비록 제안된 해결책이 사람들의 기본적인 욕구가 문제가 되지 않을 때 전체주의를 부과하는 것을 정당화할지라도, 그것은 개인주의를 부과하는 것을 전혀 정당화하지 않는다.[47] 오히려 그것은 사람들의 기본적인 욕구가 현재 문제가 될 때 단지 개인주의를 허용할 수 있을 뿐이다. 물론 우리는 모든 조건에서 전체주의를 부과할 수 있다. 그러나 실제에 있어서, 인간보존의 원리에 의해 허락되는 것처럼, 전

---

46) 그 간섭이 가장 도덕적으로 요구되는 곳에서, 우리의 부주의한 행동 때문에 처음부터 환경문제가 야기되어 왔다.

47) 만약 사람이 자신의 기본적 욕구를 희생하기를 원하면, 물론 그는 여기서 그렇게 할 자유가 있다.

체주의가 사람들이 할 수 있는 유일한 방식으로 단지 그들 자신의
기본적인 욕구를 충족시키려 노력하는 자들에 대해 싸우게 된다
면, 그러한 경우의 간섭은 정당화될 수 없다. 그것은 심지어 자기
자신의 생존을 위해 요구되지 않을 때조차도, 사람들로부터 생존
수단을 빼앗는 것을 포함한다.[48]

그럼에도 불구하고, 개인주의와 전체주의의 이 결합은 동물 해
방론자들이 동물취급에 있어 이 해결책이 의미하는 것에 대하여
염려할 수 있게 한다. 명백히, 이 주제에 대해 많은 연구가 이미
이루어졌다. 처음에, 철학자들은 인본주의가 동물 해방을 포함하고
결국에는 환경 전체주의를 포함하는 것으로 확대 해석될 수 있다
고 생각했다.[49] 그 때 캘리콧(Baird Callicott)은 동물 해방과 환경
전체주의는 그것들이 인본주의에 상반되듯이 상호간에도 상반된
다고 주장했다.[50] 그 결과로서 생긴 갈등을 캘리콧은 "삼각관계"라
고 불렀다. 캘리콧의 견해에 동의하면서 세이고프(Mark Sagoff)는
동물 해방과 환경 전체주의를 함께 연결하려는 시도는 결국 "나쁜

---

48) 실제로 전통윤리학에서, 생존수단을 정당하게 소유한 사람들로부터 그 수단
을 빼앗는 것은 비록 그것이 자기 자신의 생존을 위해서 필요한 때조차도 도
덕적으로 정당화되지 않는다. 다시 이것은 우리가 인간들에게 합리적으로 기
대할 수 있는 이타적인 관용에 기초하고 있다. 이것은 일찍이 논의한 바 있는
구명정의 경우와 구별되는 것이다. 구명정의 경우에는 인간 개인들 모두가 전
체를 위해 충분하지 않은, 아직 소유되지 않은 생존수단을 획득하려고 노력하
고 있다.

49) Singer's *Animal Liberation*(New York: Avon Books, 1975)이 이 견해
를 고취했다. 전체주의자에 따르면 어떤 종의 선, 생태계의 선, 혹은 전체 생명
공동체의 선이 개별적인 생물들의 선보다 우세할 수 있다.

50) Baird Callicott, "Animal Liberation: A Triangular Affair", *Environmental
Ethics* 2(1980), 311~328면.

결혼과 빠른 이혼"에 이를 수 있다고 주장한다.[51] 더욱 최근에 워
렌(Mary Ann Warren)과 같은 철학자는 동물 해방과 환경 전체주
의 사이의 대립을 경시하는 경향을 가졌었고, 지금은 캘리콧 조차
도 그 양자를 다시 결합시킬 수 있다고 생각한다.[52] 그와 같은 조
정이 가능하다고 생각할 충분한 이유가 있다.

　바로, 만약 일반적으로 사람들, 특히 선진공업국에 속한 사람들
이 동물 해방론자들이 추천하고 있는 채식을 좀 더 채택한다면 전
체 환경을 위해 좋을 것이다. 이것은 인간이 직접적으로 소비하면
좀 더 효과적으로 사용될 수 있는 곡물이 오늘날 상당한 분량의
가축생산에 소비되고 있기 때문이다. 예를 들면, 곡물의 영양가에
서 90%의 단백질, 99%의 탄수화물 그리고 100%의 섬유질이 가축
에 의해 곡물을 순환시킴으로써 낭비되고 있다. 그리고 최근 전
세계적인 곡물 생산량의 30%와 미국의 생산량의 70%가 가축의
사료로 이용된다.[53] 그래서 일반적으로 사람들, 특히 선진공업국에
속한 사람들이 채식을 좀 더 채택함으로써, 사람들을 먹이기 위한
가축의 생산을 위해 유지되어야 하는 농토를 상당히 줄일 수 있을

51) Mark Sagoff, "Animal Liberation and Environmental Ethics : Bad
　Marriage, Quick Divorce", *Osgood Hall Law Journal 22*(1984), 297~307
　면.
52) Mary Ann Warren, "The Rights of the Nonhuman World", in
　Environmental Philosophy, ed. by Robert Elliot and Arran Gare
　(University Park : Penn State University Press, 1983), 109~134면 : Baird
　Callicott, *In Defense of the Land Ethic*(Albany : State University Press of
　New York, 1989), 제3장, 또한 Warren's *Moral Status*(New York : Oxford
　University Press, 1997)를 보라.
53) Frances Moore Lappe의 *Diet for a Small Planet*(New York : Ballantine
　Books, 1982), 69면에 인용된 미국 농무부 경제 조사국의 자료.

88

것이다. 이것은 차례로, 가축사육으로부터 초래되는 토양 부식과 환경오염물질의 총량을 제거함으로써 전체 생명 공동체에 이로운 효과를 가져올 수 있다. 예를 들면, 경지(耕地), 목장(牧場), 방목구역(放牧區域)과 삼림지(森林地)로부터 유실되는 미국 표토(表土)의 85%가 직접적으로 가축사육과 관련되어 있다고 추정되고 있다.[54] 따라서, 동물들의 고통을 예방하는 것과 함께 채식을 좀 더 옹호할 이와 같은 부가적인 이유들이 있다.[55]

그러나 채식이 좀 더 요구되더라도, 우리가 완전한 채식주의자가 되도록 도덕적으로 요구되는가는 분명하지 않다. 세이고프는 완전히 채식을 하는 인간세계에서도 사람들은 이전과 같이 계속해서 농장의 동물들을 사육하리라고 가정한다.[56] 그러나 우리가 그렇게 할 어떤 의무를 가지는가는 분명하지 않다. 게다가, 완전히 채식을 하는 인간세계에서도, 만약 생산이 상당히 증가하지 않는다면, 특히 개발도상국에서, 사람들의 여전히 충족되지 않은 영양상의 욕구를 충족시키기 위하여 우리는 아마 지금 가축들에게 먹이는 대부분의 곡식을 필요로 할 수 있다. 단순히 모든 사람에게 고루 돌아갈 충분한 곡식이 없어서가 아니다. 그리고 역시 후손을 위하여 경지를 보존할 필요도 있겠다. 그래서 완전히 채식을 하는 인간세계에서도 남아 있는 농장의 많은 동물들을 동물원에 이관시키면서 농장 동물들의 수는 격감할 것처럼 보인다. 이 때문에 동물들이 전혀 유지될 수 없는 것보다는 오히려, 공장식 농장 경

54) Lappe, 80면에 인용된 Robin Hur.
55) 동물들의 고통을 예방하는 방법으로 우리의 기본적인 영양상의 욕구를 충족시키는 근거에 대해서는 주석 29를 보라.
56) Sagoff, "Animal Liberation and Environmental Ethics", 301~305면.

영에서 유지될 수 있는 숫자를 조절하여, 그들을 상대적으로 고통 없이 죽여서 먹는 것과 같은 건전한 조건에서 우리가 농장의 동물들을 기르는 것이 도덕적으로 허용될 수도 있다.[57] 추측컨대 이것은 무지의 베일을 쓴, 농장 동물들의 옹호자가 그 동물들을 위해 선택할 수 있는 종류의 타협일 수 있다. 그것도 그 옹호자가 어떤 상호 이득이 되는 타협이 이루어지지 않으면 인간은 동물원에서 다소의 농장 동물들을 유지할 의무가 있다는 것을 알고서 행하는 타협이다. 그러므로 완전히 채식을 하는 인간세계는 도덕적으로 요구될 것 같지 않다.[58]

인간들이 사냥을 하지 않거나 혹은 적어도 전문 사냥꾼들이 노쇠한 야생의 종들을 추려 내어 사살하지 않는 것이 더 이상 자연

---

57) 여기서 "재배" 식물에 대해 말하는 유사한 이야기가 있다. 그러나 음식을 위하여 사육되는 "특별한 용도의 인간"에 대해 말하는 유사한 이야기는 없다. 이 "특별한 용도의 인간"이 그들의 운명에 대해 가지는 지식은 그들의 삶이 살만한 가치가 없게 만드는 것으로 생각되기 때문이다. 그러나 재배에 대한 이 특별한 정당화가 인간을 유사하게 사용하는 함의 때문에 배제되는 결과를 가져오며, 이것이 사실이 아니라고 가정할지라도 여전히 그것은 재배가 인간의 기본적인 욕구를 충족시킬 곡물을 위하여 비료를 제공하는 지속 가능한 농업에서 정당화되는 경우일 것이다.

58) 물론, 우리가 농지와 목초지가 그 자연상태로 돌아가도록 허용한다면, 어떤 야생 동물은 그 결과로 확실히 이득을 얻을 수 있겠다. 그러나 특히 농장 동물의 이익을 옹호하는 것이 마찬가지로 우리 자신의 이익에 도움이 될 때조차 왜 우리가 농장 동물의 이익보다 이 야생 동물의 이익을 옹호해야 하는가? 이 다른 정책들로 이득을 보게 되는 동물들은 주로 그 정책들이 수행되면 생존하게 되는 동물들이라는 것이 또한 지적되어야겠다. 더 많이 논하려면, Bart Gruzalski, "The Case against Raising and Killing Animals for Food", in H. Miller and W. Williams, *Ethics and Animals*(Clifton, N. J.: Humana Press, 1983), 251~263면을 보라.

적인 천적(天敵)을 가지지 않는 그 야생 종들에게 이익이 되지 않는 것 같다.[59] 물론, 가능한 곳에서 자연적인 천적을 재도입하는 것이 오히려 나을 수도 있겠다. 그러나 이것은 농장의 동물들과 주민들이 근접해 있기 때문에 언제나 가능하지 않을 수도 있다. 이와 같은 경우, 만약 야생 종들의 수를 조절할 행위가 취해지지 않는다면, 그 종들과 그들의 환경에 재앙이 초래될 수 있다. 예를 들면, 사슴, 토끼, 다람쥐, 메추라기 그리고 오리 등은 빠르게 재생산되고, 그 천적들이 없으면 빠르게 그들의 환경의 수용능력을 초과할 것이다. 그래서 균형을 유지하기 위해 그들의 수를 인간들이 개입하여 주기적으로 추려 내어 사살하는 것이 어떤 야생 종들과 그들의 환경에 이익이 될 수 있겠다. 물론, 단순히 간섭하지 않고 내버려 두는 것이 환경과 거기에 서식하는 야생 동물에게 이익이 되는 자연환경이 많이 있을 수 있다. 그러나 여기서도 또한 동물해방과 환경 전체주의는 충돌하지 않을 것이다. 이런 이유들로 동물 해방론자들이 생명 중심의 다원론 안에 개인주의와 전체주의의 결합을 제안하는 것에 반대할 이유가 거의 없다.

물론, 환경 전체주의와 충돌하게 되는 동물 해방에 관한 해석들이 있다. 생명 중심의 다원론에서, 동물 해방을 찬성하는 근거는 인간의 우월이나 지배를 찬성하는 선결문제 요구의 오류에 휘말려 들지 않는 어떤 논증도 없다는 것이다. 그리고 이것은 개별적인 동물들뿐만 아니라 식물, 종 그리고 생태계에 대해서도 유효하다. 그러나 리건이 그렇게 하고, 다소 정도는 약하지만 싱어가 그렇게 했던 것처럼, 만약 누군가가 동물 해방의 근거를 동물들이

---

59) Ann Causey, "On the Morality of Hunting", *Environmental Ethics*(1989), 327~343면을 보라.

인간과 유사하다는 점에서 취한다면, 개별적 동물들에게 이익이 될 요구사항은 아주 강할 수 있고 결국 환경 전체주의와 심각하게 충돌하게 된다. 생명 중심의 다원론에서 인간 이외의 대부분의 생물들, 특히 야생의 생물들에 대한 우리의 의무는 동료 인간들에 대한 우리의 의무와는 달리 단순히 그들을 간섭하지 않고 내버려 두는 것이다. 대부분 우리가 인간 이외의 생물들에 대하여 선을 행하도록 요구되는 것은 오직 그들의 원상회복이 요구될 때이다. 게다가 우리가 인간 이외의 어떤 생물에게 주는 도움이 다른 생물들, 종, 혹은 생태계에 해가 될 수 있으며, 바로 그 이유 때문에 도움을 줘서는 안 되는 경우가 자주 있을 수 있다. 대조적으로 리건의 견해와 다소 정도는 약하지만 싱어의 견해에서 종과 생태계가 도덕적으로 중요하지 않기 때문에, 또 개별적 동물들에게 선을 행하거나 해를 막아야 할 의무가 아주 강하기 때문에 우리는 환경 전체주의의 요구사항과 충돌하는 방식으로 자주 예를 들면, 천적과 먹이 사이에 간섭하도록 요구될 수 있다.[60] 따라서, 생명 중심의 다원론은 리건과 싱어의 견해와는 달리, 환경 전체주의와 충돌하지 않고 동물 해방을 지지하는 데 성공하고 있다.

지금까지 말한 모든 것에도 불구하고 생명 중심의 다원론에 대한 나의 방어가 여전히 해결할 수 없는 양도논법(兩刀論法)에 직면한다는 이의가 여전히 제기될 수 있겠다. 그 양도논법은 다음과

---

60) 리건의 견해와 싱어의 견해에 대한 비판과 옹호에 대해 더 알려면, Dale Jamieson, "Rights, Justice and Duties to Provide Assistance: A Critique of Regan's Theory of Rights", *Ethics*(1990), 349~362면과 S. F. Sapontzis, *Morals, Reason and Animals*(Philadelphia: Temple University Press, 1987), 특히 제13장을 보라.

같다: 생명 중심의 다원론은 모든 종들이 평등하다는 주장을 고수
하던가 그 주장을 포기하던가이다. 만약 생명 중심의 다원론이 모
든 종들이 평등하다는 주장을 고수하면, 그것은 인간들에게 합리
적이지 못한 희생을 부과한다. 만약 생명 중심의 다원론이 인간들
에게 합리적이지 못한 희생을 부과하는 것을 피하기 위하여 그 주
장을 포기하면, 그것은 옹호할 수 없는 인간중심주의의 입장에로
나간다. 어느 방식을 취하든, 생명 중심의 다원론은 거부되어야 한
다. 실제로, 나는 이 양도논법의 두 뿔을 잡는 것이 가능하다고 생
각한다. 그러나 여기서 나는 첫째 뿔을 잡는 데만 관심을 기울여
왔다.[61]

  나의 주장은 이 양도논법의 첫째 뿔을 잡기 위하여 우리가 종들
의 평등을 인간들의 평등과의 유비 추리에 의해서 이해할 필요가
있다는 것이었다. 우리가 인간들이 평등하다고 주장하면서 정당하
게 그들을 다르게 대우하듯이 또한 우리가 모든 종들이 평등하다
고 주장하면서 마찬가지로 정당하게 그들을 다르게 취급할 수 있
다는 것을 알 필요가 있다. 전통윤리학에서는, 인간들을 다르게 대
우하는 것을 허용하는 인간평등에 관한 다양한 해석이 있었다. 윤
리학적 이기주의에서는, 모든 사람들은 평등하게 그 자신의[혹은
그녀 자신의] 이익을 추구할 자유가 있다. 그러나 이것은 우리가
언제나 경기에서의 적대자로 이해되는 다른 사람들보다 우리 자
신을 더 좋아하는 것을 허용하고 있다. 자유주의에서는, 모든 사람
들이 자유에 대해 평등한 권리를 가진다. 그러나 자유주의가 비록

---

61) 이 양도논법의 둘째 뿔을 거절하는 논증에 대해서는 나의 논문
   "Reconciling Anthropocentric and Nonanthropocentric Environmental
   Ethics", *Environmental Values*(1994), 229~244면을 보라.

자기 이익의 추구에 어떤 제한을 부과할지라도, 그것은 우리가 심한 곤경에 처해 있는 다른 사람들을 돕지 않는 것을 허용한다고 말한다. 복지 개혁주의에서는, 모든 사람들이 복지와 기회에 대하여 평등한 권리를 가진다. 그러나 이것이 우리가 모든 사람들에게 정확히 같은 자원을 제공해야 한다고 말하지는 않는다. 사회주의에서는, 모든 사람들이 자기 능력개발에 대한 평등한 권리를 가진다. 그러나 이것이 비록 우리가 모든 사람들에게 같은 자원을 제공해야 한다고 말할지라도, 그것은 여전히 어느 정도의 자기 선호를 용인하고 있다. 그래서 여전히 우리가 인간들을 다르게 대우하는 것을 허용하는 인간평등에 대한 다양한 해석이 있듯이, 우리가 종들을 다르게 취급하는 것을 허용하는 종들의 평등에 대한 다양한 해석이 가능하다.

지금 생명 중심의 다원론에 반대하는 사람들은 사회주의에서 발견되는 평등의 해석과 유사한, 매우 강한 의미에서 종들의 평등을 해석하는 것 같다. 그러나 내가 지금까지 방어해 온 종들의 평등 개념은 사회주의에서 발견되는 평등의 개념보다는 복지 개혁주의나 자유주의에서 발견되는 평등의 개념과 더 비슷하다. 요컨대 이 평등은, 우리 자신의 종의 구성원들의 기본적이지 않은 욕구를 위하여 다른 종들의 구성원들의 기본적인 욕구를 우리가 공격하지 않을 것을 요구한다(불균형 배제의 원리). 그러나 그것은 우리가 우리 자신의 종의 구성원들의 기본적인 욕구를 위하여 다른 종들의 구성원들의 기본적인 욕구에 대하여 공격하는 것을 허용한다(인간보존의 원리). 그리고 그것은 또한 우리가 다른 종들의 구성원들로부터 해로운 공격에 대하여 우리 자신의 종의 구성원들의 기본적인 욕구, 심지어는 기본적이지 않은 욕구를 방어하는 것을 허용한다(인간방어의 원리).

　게다가 종들의 평등에 대한 주장은 인간 평등의 주장과 마찬가지로 단순히 모든 종들이 모든 인간들과 마찬가지로 한가지 점에서, 즉 그들이 도덕적으로 가치를 지닌다는 점에서 같다는 주장이다. 이 주장은 그들이 다른 점에서도 같다(평등하다)거나 혹은 그들이 모든 점에서 같게(평등하게) 취급되어야 한다는 입장을 유지하지 않는다. 이런 방식으로, 한편으로 우리 자신의 종의 구성원들에게 합리적이지 않은 희생을 부과하는 것을 피하면서, 생명 중심의 다원론은 우리가 종들의 평등에 대한 주장을 받아들이게 하고, 또 그렇게 함으로써 도덕적으로 방어할 수 있는 환경주의의 형식인 생명 중심의 다원론에 대해 제기되는 양도논법의 첫째 뿔을 잡는 것을 허용한다.[62]

전통윤리학의 응답

　전통윤리학은 환경주의, 특히 생명 중심의 다원론이라는 형식의 환경주의의 도전에 어떻게 응답하는가? 적어도 네 가지 응답이 있으며, 그 각각이 만약 타당하면 이 도전에 대답하기에 충분하다. 첫번째 응답은 환경주의가 요구사항이 너무 지나쳐 도덕적으로

---

62) 여기서 중심적인 주장을 하는 또 하나의 방법은 종들의 평등이 지배를 배제한다는 점이다. 여기서 지배는 기본적이지 않은 욕구를 충족시킬 목적으로 다른 생물들의 기본적인 욕구를 공격하는 것을 뜻한다. 이렇게 이해되면, 종들의 평등은 비록 자신의 기본적인 욕구, 즉 자신의 종의 기본적인 욕구를 인간 이외의 개인들, 종들과 전체 생태계들의 기본적인 욕구보다 선호하면서, 종들을 다르게 취급하는 것을 배제하지 않는다.

요구될 수 없다는 것이다. 두 번째 응답은 환경주의가 사실로부터 가치로 혹은 "존재(is)"로부터 "당위(ought)"로 정당화될 수 없는 도약에 그 논거를 두고 있다는 것이다. 세 번째 응답은 인간 이외의 자연을 지배하는 것이 종교적 근거를 바탕으로 도덕적으로 정당화되는 것으로 설명될 수 있다는 것이다. 네 번째 응답은 환경주의가 요구하는 것과 같거나 비슷한 요구사항들이 완전히 인간 중심의 환경윤리학으로부터 도출될 수 있기 때문에 환경주의가 필요하지 않다는 것이다. 이 응답의 각각을 차례대로 과제로 삼기로 하자.

실제로 환경주의, 특히 생명 중심의 다원론이라는 형식의 환경주의가 요구사항이 너무 지나치다는 첫번째 응답은 이미 취급되었다. 따라서 그 견해를 제시하면서 나는 "우리가 합리적으로 사람들이 성자가 되기를 요구할 수 없으며", 또한 우리가 "우리 자신의 종의 구성원들에게 합리적이지 않은 희생을 부과하는 것"을 피할 필요가 있다고 주장했다. 그리고 나는 심지어 테일러의 우선권의 원리중의 하나를 그것이 "요구사항이 너무 지나치다"고 주장하면서 거부했다. 게다가 테일러의 견해를 수정하기 위한 주요한 이론적 근거는 요구는 하되 지나치게 요구하지 않는 일관성 있는 우선권의 원리를 제안하는 것이었다. 또한 우리가 보아 왔듯이, 전통윤리학이 한편으로 인간의 평등, 즉 인간들이 도덕적으로 가치를 지닌다고 주장하면서 우리 자신과 우리가 돌보는 사람들에 대한 어느 정도의 선호를 허용하듯이 생명 중심의 다원론도 한편으로 종들의 평등, 즉 다른 종들도 도덕적으로 가치를 지닌다고 주장하면서 인간 이외의 자연보다는 인간에 대한 어느 정도의 선호를 허용하고 있다. 생명 중심의 다원론이 금하는 모든 것은 단순

96

히 우리 자신이나 다른 인간들의 기본적이지 않거나 혹은 사치스런 욕구를 만족시키기 위하여 인간 이외의 자연의 기본적인 욕구에 대해 공격하는 것이다.

환경주의의 도전에 대한 두 번째 응답은 그것이 "사실"로부터 "가치"로 혹은 "존재"로부터 "당위"로 정당화될 수 없는 도약에 관계하고 있다는 것이다. 모든 생물들이 그들 자신의 선을 가지기 때문에 도덕적으로 가치를 지녀야 한다고 생명 중심의 다원론이 주장한다면, 이것은 우리가 언제나 왜 다른 사실들이 아니라 이 "사실들"이 그 도출의 근거인 이유를 물을 수 있는 방식으로 "사실"로부터 "가치"를 도출하는 것과 관계하고 있는 것 같다.[63] 물론, 오직 감각능력이 있는 존재자들 혹은 삶을 경험할 수 있는 주체들만이 도덕적으로 가치를 지닌다고 주장하는 동물 해방론자와 인간들만이, 혹은 더욱 일반적으로 이성적 존재자들만이 도덕적으로 가치를 지닌다고 주장하는, 인간중심주의자인 듯한 대부분의 사람들이 같은 문제에 직면한다. 그러나 이 문제로부터 벗어날 어떤 방법이 있는가?

명백히, 우리의 기본적인 윤리학적 관심은 다른 생물들과 우리의 관계에서 우리가 지니는 특권과 우리에게 가해지는 속박을 결정하는 것이다. 그 특권은 우리가 인간 이외의 생물들을 정당하게 해칠 수 있는 방식을 명확히 말한다(인간방어의 원리와 인간보존

---

63) 나는 여기서 "사실"에 바탕을 두고 "가치"를 도출하는 모든 시도, 즉 더 좋은 근거에 반대하고 있는 것이 아니라, 오직 고려중인 것을 특징지우는 듯한 독단성에만 반대하고 있다. 가치의 좋은 근거 혹은 바탕이 무엇과 같은가에 관해서는 Kurt Baier, *The Rational and the Moral Order*(Chicago: Open Court, 1995), 제1장을 보라.

의 원리). 그런데 한편 속박은 우리가 그들을 정당하게 해칠 수 없는 방식을 명확히 말한다(불균형 배제의 원리). 지금 우리가 다른 생물들을 해쳐서는 안 되는 방식을 명확히 말하는 속박은 단순히 어떤 조건에서 우리가 다른 생물들을 간섭하지 않고 내버려 둬야 하는 요구사항이라는 것을 알아 차리는 것이 중요하다. 그것은 우리가 그들을 위해서 무엇인가를 해야 하는 요구사항이 아니다. (원상회복이 요구되는 때를 제외하고) 우리가 인간 이외의 생물들을 위해서 이로운 것을 해야 한다고 일반적으로 요구하는 것은 우리에게 훨씬 더 많은 것을 요구하는 것이 된다. 그것은 인간 이외의 생물들에게 해를 끼치지 않는 단지 소극적인 의무가 아니라, 간섭함으로써 그들에게 이익이 되게 하는 적극적인 의무를 수반한다. 일반적으로 이것은 우리에게 너무 많은 것을 요구하는 것으로, 실제로 우리가 성자이기를 요구하는 것일 수 있다. 우리가 앞에서 보았듯이 도덕은 우리가 성자이기를 요구하는 것이 아니다. 따라서 우리가 인간 이외의 생물들에 대해 간섭하지 않아야 할 일반적인 의무는 저 다른 생물들의 본성에 의해 결정되기보다는 오히려 우리 자신에게 합리적으로 부과될 수 있는 속박 혹은 요구사항에 의해 결정된다.[64] 따라서, 우리는 우리 자신에게 합리적으로 부과될 수 있는 의무로부터 이익을 얻을 수 있는 자들은 그들의 삶에 대해 어떤 독립성을 가져야 한다는 것을 알 수 있다; 그들은 다른 존재자들의 도움이 없이 독립하여 살아갈 수 있어야 하는 것이다. 달리 말하면, 그들은 그들 자신의 선을 가져야 한다.[65]

---

64) 생물들은 자동차나 냉장고 등과 달리 파생적이지 않은 방법으로 이득을 얻고 해를 받을 수 있음에 틀림없다. 나의 논문 "A Biocentrist Fights Back"을 보라.

98

따라서, 나는 주로 우리가 저 의무를 가지게 되는 존재자들의 사실적인 특성에 의해서가 아니라, 오히려 이 점에 있어서는 우리에게 합리적으로 부과될 수 있는 속박이나 요구사항에 의해서 우리가 도덕적 의무를 가질 수 있는 저 인간 이외의 존재자들의 부류를 명확히 설명해 왔다.[66] 이것은 우리가 어떤 다른 사실들이 아니라 이 사실들이 그 도출을 뒷받침할 수 있는 이유를 언제나 물을 수 있는, 사실로부터 가치의 혹은 "존재"로부터 "당위"의 도출이 아니다. 오히려 그것은 그 도출의 필연성이 밝혀질 수 있는, "가치"로부터 "가치"의 혹은 "당위"로부터 "당위"의 도출이다.

우리는 다음의 논증에 의해서 이 도출을 더 명확히 드러낼 수 있다:

(1) 도덕의 요구사항은 인간에게 부과하기에 합당하다.
(2) 인간방어의 원리, 인간보존의 원리, 불균형 배제의 원리와 보상의 원리들은 그 대안적인 원리와는 대조적으로 인간에게 부과하기에 합당하다.
(3) 인간방어의 원리, 인간보존의 원리, 불균형 배제의 원리와

---

65) 독립의 요구에 대한 한 가지 유명한 예외는 그들의 생존을 위해 인간들에게 의존하는 존재가 되어 온 어떤 종의 길들여진 동물들과 그 하위 종이다. 이 길들여진 동물들과의 역사적인 상호작용 때문에, 서로 유익한 어떤 타협이 유지될 수 있다는 조건에서 인간들은 이 동물들을 돌볼 적극적인 의무를 몸에 익히게 되었다고 나는 주장한다.
66) 파생적이지 않은 방법으로 이득을 보거나 해를 입을 수 있는 자들은 그들의 삶에 어떤 독립성을 가지거나 그들 자신의 선을 가지고 있음에 틀림없다는 요구조차도 나의 계산으로는, 우리가 도덕적 행위자에게 합리적으로 기대할 수 있는 것으로부터 도출된다.

보상의 원리들은 도덕의 요구사항이다.

    이 논증 (1)의 기본 전제는 도덕의 근본적인 특성으로 널리 받아들여지기 때문에, 나는 결론 (3)이 뒤따를 것으로 명확히 확인될 수 있다고 생각한다.[67] 물론 이 논증을 보다 충분하게 진술하려면 내가 이 장에서 전개해 온 사항들을 정교하게 가다듬어야 할 것이다.[68] 그럼에도 불구하고, 나는 생명 중심의 다원론이 사실로부터 가치로 정당화할 수 없는 도약을 피하는 방법을 지적하기 위하여 충분히 말했다고 생각한다.

    환경주의의 도전에 대한 세 번째 응답에로 전환하면, 인간 이외의 자연을 지배하는 것이 종교적 근거에서 도덕적으로 정당화된다는 것을 보여 주기 위하여 많은 사람들이 창세기의 창조 이야기에 호소해 왔다. 이 이야기의 한 해석에서 하나님은 인간에게 다음과 같이 말한다.

> 생육하고 번성하여 땅에 충만하라, 땅을 정복하라, 바다의 고기와 공중의 새
> 와 소와 땅에서 움직이는 모든 동물을 지배하라(창세기 1 : 28).

    이 명령의 한 해석은 인간이 인간 이외의 자연을 지배하도록, 즉 동물들과 식물들의 이익에는 전혀 독립적인 중요성을 주지 않으면서 우리가 우연히 가지게 되는 어떤 목적을 위해서도 동물들

---

67) 이 도덕의 근본적인 특징(1)에 대해 더 많이 논하려면, *Justice for Here and Now*, 제3장을 보라.
68) 이 논증은, 그 핵심 전제들이 또한 (1)로부터 도출될 수 있다면, 종들의 평등을 위해 이 장에서 일찍이 제시된 논증을 실제로 포함하고 있다.

과 식물들을 이용하도록 요구되거나 혹은 허용된다는 것이다. 그
들은 단순히 우리의 목적에 대한 수단이다.[69] 그러나 또 다른 해석
은 지배권(dominion)을 지배(domination)로서가 아니라 인간 이
외의 자연을 돌보는 관리직(stewardship)으로 이해한다. 이 관리직
은 우리가 우리 자신의 목적을 위하여 동물들과 식물들을 이용할
수 있는 방식에 제한을 부과하며, 그렇게 하여 다른 생물들이 번
창하는 것이 가능하도록 해야 한다.[70]

명백히, 이 두 번째 해석은 생명 중심의 다원론의 입장과 한층
더 일치한다. 그러나 서양문화의 도처에 가장 널리 받아들여진 것
은 첫번째 해석이다. 여전히 창세기 이야기에 대한 해석에 이러한
충돌이 있으면, 누군가가 인간 이외의 자연을 취급해야 하는 방법
을 결정하는데 성경에 호소하는 것이 결정적일 수 없게 되는 것은
명확하다. 그러나 이 상황에서 결정적이어야 하는 것은 인간 이외
의 자연에 대한 지배보다는 생명 중심의 다원론을 옹호하기 위해
이성에만 근거를 둔 논증이다. 다행히도 우리는 이러한 논증을 가
지고 있다. 우리가 확인했던 것처럼, 마치 전통윤리학에서 도덕이
선결문제 요구의 오류에 휩쓸리지 않는 입장에서 판단될 때 윤리
학적 이기주의보다 합리적으로 더 바람직한 것처럼, 생명 중심의
다원론이 선결문제 요구의 오류에 휩쓸리지 않는 입장에서 판단
될 때 인간 이외의 자연의 지배보다 합리적으로 더 바람직하다(제

---

69) 이 견해는 화이트(Lynn White)의 "The Historical Roots of our
    Ecological Crisis", *Science*(1967), 1203~1207면에서 논의된다.
70) Lloyd Steffen, "In Defense of Dominion", *Environmental Ethics*(1992),
    63~80면; Eileen Flynn, *Cradled in Human Hands*(Kansas City, 1991),
    제3장; Robin Attfield, *The Ethics of Environmental Concern*(New York:
    Columbia University Press, 1983), 제2장을 보라.

1장을 보라). 두 가지 경우에서, 이성만이 선결문제 요구의 오류에 휩쓸리지 않는 해결책을 옹호한다.

환경주의의 도전에 대한 네 번째 응답은 같거나 혹은 비슷한 요구사항이 완전히 인간 중심의 환경윤리학으로부터 도출될 수 있기 때문에 그 견해를 뒷받침할 필요가 없다는 것이다. 이 응답에 따르면, 현재 세대의 인간들의 총체적인 선이 되는 것과 다른 모든 생물들의 총체적인 선이 되는 것 사이에 적절한 일치가 있거나 혹은 적어도 현재 세대와 미래 세대의 인간들의 총체적인 선이 되는 것과 다른 모든 생물들의 현재와 미래의 총체적인 선이 되는 것 사이에 적절한 일치가 있다.

그러나 이것이 사실인가? 의심할 바 없이, 온실효과로 인한 기온 상승과 (대기오염과 화학물질에 의한 오존층의 파괴로 인한) 오존 감소와 같은 어떤 환경문제에 대하여는 이익의 상당한 일치가 존재한다.[71] 그러나 멸종될 지경에 이른 종들과 같은 다른 환경문제에 대하여는 비록 미래 세대의 인간들의 선이 고려될 때조차도, 인간들과 인간 이외의 존재자들 사이에 이익의 일치가 언제나 통용된다면 그것은 놀랄만한 일이 될 것이다. 우리는 확실히 인간들 사이에 이익의 충돌을 인정한다. 게다가 다른 종들과 다른 종의 구성원들 사이에 충돌의 가능성은 훨씬 더 크다. 우선권 원리들의 필요를 부인할 수 있기 위하여 그런 모든 경우에 이익의 일치를 가정하는 것은 단지 현실에 반항하는 것이다. 따라서, 생명 중심의 다원론의 원리들처럼 도덕적으로 방어될 수 있는 우선권의 원리나 충돌-해결의 원리는 인간들과 인간 이외의 자연 사이에 이익의

---

71) 그러나 여기서조차도 모든 종에 대한 이익의 일치는 없다. 예를 들면 어떤 유형의 박테리아는 산소가 결핍된 환경에서 번성한다.

102

충돌을 합당하게 해결하기 위하여 명확히 요구된다. 게다가 마치 사회에서 인간들의 이기심을 극복하고 옳은 종류의 행동을 확보 하기 위하여 법과 도덕에 호소하는 것이 때때로 여전히 필요한 것처럼, 인간들의 선이 되는 것과 인간 이외의 자연의 총체적인 선이 되는 것 사이에 충돌이 없을 때조차도, 만약 우리가 인간의 이기심을 극복하고 옳은 종류의 행동을 확보하려 한다면, 생명 중심의 정당화에 호소하는 것이 때때로 필요할 것이다.[72] 그러므로 환경주의, 특히 생명 중심의 다원론의 형식을 지닌 환경주의의 필요는 우리가 도덕을 실행하기를 바란다면 그만큼 더 현저하다.

따라서 생명 중심의 다원론의 형식을 지닌 환경주의의 도전에 대한 네 가지 응답의 그 어느 것도 성공하지 못했다는 것이 밝혀졌다. 그러므로 설득력 있는 응답이 없을 때, 우리가 환경주의의 도전을 받아들이고 그 요구에 일치시키기 위하여 전통윤리학을 수정하는 것 외에 우리에게 열려있는 합당한 대안이 없다. 이것은 인간들과 인간 이외의 자연 사이의 충돌을 해결하기 위하여 인간

---

72) 그것은 또한 완전히 인간 중심의 환경윤리학에 의해 제공되는 것보다 생명 중심의 다원론이 인간 이외의 자연의 지배에 대해 도덕적으로 뛰어난 논증을 제공하는 경우이다. 이것을 알기 위하여, 자유로운 근로자가 당신을 위해 훨씬 더 일을 잘하기 때문에 당신이 자유로운 근로자를 고용하면서 벌 수 있는 만큼 많은 돈을 노예를 이용하면서 벌 수 없기 때문에 노예제도가 나쁜 체계라고 어떤 사람이 논증하려 한다고 가정해 보라. 확실히 이것이 사실이라 할지라도, 우리는 이것이 노예제도를 반대하는 최상의 논증이라고 생각하지 않을 것이다. 확실히 노예제도에 반대하는 최상의 논증은 그것이 인간들에게 그들의 가장 근본적인 권리를 부인한다는 것이다. 유사하게도 인간 이외의 자연의 지배가 인간들에게 나쁘다 할지라도, 그것이 어느 정도 그렇지만, 그 지배를 반대하는 최상의 논증은 그것이 인간 이외의 자연에 대해 도덕적 지위를 중요시하지 않는다는 것이다.

방어의 원리, 인간보존의 원리, 불균형 배제의 원리와 보상의 원리 등을 적절한 우선권의 원리 혹은 충돌-해결의 원리로서 받아들일 것을 요구한다. 이렇게 이 원리들을 전통윤리학 안에 구체화함으로써만 우리는 환경주의의 도전을 공정하게 취급할 수 있을 것이다.

제3장 여성주의

전통윤리학에서 남성 중심의 편견과
그것을 교정하는 방법

　전통윤리학이 여성의 이익을 충분하게 고려하지 못하고 있기 때문에, 여성주의자들은 전통윤리학이 남성 중심의 편견에 사로잡혀 있다고 도전하고 있다. 이러한 도전에 대한 최근의 관심은 1982년 길리건(Carol Gilligan)의 《다른 목소리로》(*In a Different Voice*)의 출판[1]으로 거슬러 올라간다. 이 장에서 나는 전통윤리학의 이러한 편견이 (1) 그 정의 이론, (2) 그 공적/사적 구별, 그리고 (3) 도덕적으로 선한 사람의 그 이상적 목표 등의 실천적인 부적합성에 의해 명백하게 된다고 주장할 것이다. 또한 나는 각 경우에 이 편견이 교정될 수 있는 방법을 제시할 것이다.[2]

---

1) Carol Gilligan, *In a Different Voice*(Cambridge : Harvard University Press, 1982).
2) 전통윤리학이 여성에 대해 편견에 사로잡혀 있으며, 이 편견은 내가 제시하는 방법으로 명백하게 드러난다고 여성주의자들이 대체로 일치된 견해를 보이고 있다. 그러나 일부의 여성주의자들은 이 편견이 또 다른 방법으로 명백하게 드러난다고 주장해 왔다. 예를 들어 Virginia Held, "Feminist Transformations of Moral Theory", in James P. Sterba, *Ethics: The Big Questions*(Oxford : Blackwell, 1998), 331~345면; Alison Jaggar, "Western Feminist Ethics", in *The Blackwell Guide to Ethics*, ed. Hugh

전통적인 정의 이론의 실천적 부적합성

길리건은 그녀의 영향력 있는 저서인 《다른 목소리로》에서, 여성의 도덕적 발달이 남성의 도덕적 발달에 뒤지는 경향이 있다는 그 당시의 일반적인 견해에 반대한다. 길리건에 따르면, 남자와 여자는 도덕적 판단에 차이가 있기는 하나, 그 차이가 남자의 도덕적 판단이 여자의 도덕적 판단보다 더 낫다고 주장할 근거가 되지 않는다. 우리가 정당하게 말할 수 있는 것은 그 판단들이 다르다는 것뿐이다.

길리건은 계속하여 여자들이 좋아하는 보살핌의 입장을 남자들이 좋아하는 정의의 입장과 대조한다. 길리건에 따르면, 이 두 입장은 예를 들면, 어떤 형태를 처음에는 정방형으로서, 그 다음에는 그것이 지니는 주변 구조와의 관계에 의존하여 다이아몬드로 파악하는 것처럼 우리가 모호한 지각 유형을 조직화하는 경향이 있는 다른 방식과 유사하다. 더욱 명확하게 그는 다음과 같이 주장한다.

> 정의의 입장에서 보면, 도덕적 행위자로서 자아는 사회적 관계에 대립하여 핵심개념으로 나타나며, 평등 혹은 평등한 존중의 수준(정언명령, 황금률)에 대하여 자아와 다른 사람들의 서로 충돌하는 주장을 판단한다. 보살핌의 입장에서 보면, 그 관계가 핵심개념이 되어, 자아와 다른 사람을 정의한다. 관계 상황에서 도덕적 행위자로서 자아는 필요(need)를 알고, 그것에 응답한

LaFollette(Oxford: Blackwell, 2000), 348~374면을 보라. 그럼에도 불구하고, 내가 이 장에서 제안하는 교정책이 충족되면, 바로 전통윤리학에서 여성에 대한 모든 형태의 편견이 마찬가지로 교정되리라고 모든 사람이 동의할 것으로 나는 생각한다.

다. 도덕적 입장에서의 이 이동은 "무엇이 정의인가?"에서 "어떻게 응답할
것인가?"에로 도덕적 질문의 변화에 의해 명백하게 드러난다.[3]

이러한 입장들을 분류도구로 사용하면서 길리건은 그녀의 연구
대상의 69%는 정의와 보살핌 양자 모두를 고려하고 있으며, 한편
으로 67%는 한 세트의 관심사에 그들의 주의를 집중시키고 있다
(여기서 초점은 정의나 보살핌의 어느 하나에 관계하여 제기된
75% 이상의 고려로 정의된다)고 보고하고 있다. 두드러지게도 한
가지 예외가 있는데, 그것은 후자 그룹에서 모든 남자가 정의에
초점을 맞추고 있다는 점이다. 여자들은 분리되어, 대략 3분의 1은
보살핌에, 3분의 1은 정의에 초점을 맞추고 있다.[4] 이 학술연구에
서 길리건이 내린 결론은 보살핌의 입장이 동등하게 타당한 도덕
적 입장이라는 것이다. 그런데 이 입장은 남자의 편견 때문에 도
덕이론과 심리학적 연구에서 똑같이 무시되는 경향이 있었던 것
이다.

그러나 비평가들은 길리건이 두 가지 대조되는 입장을 상세히
설명하는 데 어느 정도 성공했는가라는 문제를 제기했다.[5] 한 가

3) Carol Gilligan, "Moral Orientations and Moral Development", in *Women and Moral Theory*, ed. Eva Kittay and Diana Meyers(Totowa: Rowman and Littlefield, 1987), 23면.
4) 같은 책, 25면.
5) Jean Grimshaw, *Philosophy and Feminist Thinking*(Minneapolis: University of Minnesota Press, 1986); James P. Sterba, *How to Make People Just*(Totowa: Rowman and Littlefield, 1988), 182~184면; Will Kymlicka, *Contemporary Political Philosophy*(New York: Oxford, 1990), 제7장; Claudia Card, ed., *Feminist Ethics*(Lawrence: University of Kansas Press, 1991); Eve Browning Cole and Susan Coultrap-McQuin, eds.,

지 점에서, 길리건은 정의의 입장을 "다른 사람들에게 부당하게 행동하지 말라"는 명령에 의해 특징짓고, 보살핌의 입장을 "곤경에 처한 사람을 외면하지 말라"는 명령에 의해 특징짓는다.[6] 그러나 이 두 명령은 약간의 정의의 개념에서는 불가피하게 서로 연결되어 있다. 예를 들면, 공평이라는 이상적 목표를 지닌 복지-개혁주의자의 정의의 개념에서는, 사람들을 공평하게 대우하는 것이 그들의 요구에 응답하는 것이다.

때때로 길리건은 단순히 간섭받지 않을 권리와 이에 상응하는 타인에게 간섭하지 않을 의무를 요구하는 것처럼 훨씬 더 제한적인 방식으로 정의의 입장을 특징지움으로써 정의의 입장과 보살핌의 입장 사이에 그녀의 구별을 옹호한다.[7] 비슷하게 길리건의 저서에 의해 영향을 받은 논문들을 수집하여 정리한 편집자들은 정의의 입장에서 "사람들은 확실히 간섭받지 않을 권리가 있다; 그들은 도울 자격이 없을 수도 있다."[8]고 주장한다. 그러나 이것은 정의의 입장을 복지와 평등한 기회에 대한 권리를 거부하는 자유주의자의 견해와 동일시하는 것이다. 그러므로 정의의 입장을 이렇게 특징짓는 것은 다시 그 요구사항이 명백히 간섭받지 않을 권리를 넘어서는, 복지-개혁주의자의 정의의 개념이나 사회주의자의 정의의 개념과 같은 다른 정의의 개념을 허용하지 못하게 된다.

이제 한편 약간의 정의의 입장은 보살핌의 입장의 요구사항과

Exploration in Feminist Ethics(Bloomington: Indiana University Press, 1992); Virginia Held, ed., _Justice and Care_(Boulder: Westview, 1995); Daryl Koehn, _Rethinking Feminist Ethics_(New York: Routledge, 1998).

6) 같은 책, 20면.
7) 같은 책, 23면; _In a Different Voice_, 100, 149면.
8) Kittay and Meyers, 5면.

일치하는 것으로 설명될 수 있지만, 그것들이 언제나 그렇게 일치할 수 있는 것은 아니며, 적어도 두 입장이 충돌하는 어떤 경우에는 보살핌의 입장이 정의의 입장보다 우선권을 가지는 것으로 확인될 수 있다는 이의가 제기될 수도 있겠다.

헬드(Virginia Held)는 우리에게 보살핌이 정의보다 우선권을 가지는 경우를 공정하다고 생각하는 한 가지 사례를 제시한다.[9] 한 어린이의 아버지는 또한 문제아들이 학구적으로 성공할 수 있도록 돕는 데 특별한 기술을 가진 교사이다. 만약 이 아버지가 문제아들을 돕는 데 그의 대부분의 시간을 바치고, 자신의 부인과 다른 사람들이 자기 자신의 아이를 보살피게 한다면, 그는 많은 선을 성취할 수 있을 것이다. 비록 그 아버지가 더 많은 시간을 자기 자신의 아이와 보냄으로써 그가 성취할 수 있는 선의 양을 고려하더라도, 그가 문제아들이 학구적으로 성공하도록 돕는 데 더 많은 시간을 바침으로써 그가 성취할 수 있는 선이 훨씬 더 크다. 그럼에도 불구하고 헬드는 이것이 아버지가 자기의 아이와 더 많은 시간을 보내도록 요구하는 보살핌의 입장이 그가 문제아들이 학구적으로 성공하도록 돕는 데 더 많은 시간을 보내도록 요구하는 정의의 입장보다 우선권을 가지는 경우라고 생각한다.

비록 이 경우에 특수한 도덕적 요구에 대하여 헬드가 옳았다고 생각하면서도, 이것이 보살핌이 정의보다 우선권을 가지는 경우인지는 명확하지 않다. 카드(Claudia Card)가 지적했듯이, 자기의 아이와 더 많은 시간을 보내려는 그 아버지의 요구를 (특수한) 정의

---

9) Virginia Held, "Caring Relations and Principles of Justice", in *Controversies in Feminism*, ed. by James P. Sterba(Lanham: Rowman and Littlefield, 2000).

의 요구로서 보는 것이 가능하다.[10] 그 아이가 그의 아버지로부터 더 많은 돌봄을 받을 가치가 있고 그리고 (특수한) 정의가 그 아버지가 그 아이에게 그가[혹은 그녀가] 받을만한 가치가 있는 것을 주도록 요구한다고 생각해 보자. 이렇게 해석되면, 이것은 (특수한) 정의의 요구가 곤경에 처한 다른 사람들을 도울 (보편적인) 정의의 요구보다 우선권을 가지는 경우일 수 있겠다.[11] 다시, 이 실례가 설명하는 것은 정의의 입장과 보살핌의 입장을 구별하는 것이 얼마나 어려운가이다.

물론, 우리는 타인들에 대한 우리의 의무를 그들이 우리 자신과 같은 도덕적 지위를 가진다는 데 근거를 두는 보편주의자의 입장과 타인들에 대한 우리의 의무를 우리가 그 타인들에 대해 가지는 특수한 관계와 책임에 근거를 두는 특수주의자의 입장을 구별할 수 있다. 한편 특수주의자의 입장이 특히 우리의 부모를 존경할 의무를 부여하는 데 비해, 보편주의자의 입장은 우리에게 특히 다른 사람들의 기본권을 존중할 의무를 부여한다. 여전히 이 두 입장 안에서 정의와 보살핌에 대한 고려가 발견될 수 있다. 보편주의자의 입장에서 유래한 정의의 요구사항들은 우리가 적어도 저 요구사항을 수행하기에 필요한 정도로 다른 사람들을 보살피도록 요구한다. 예를 들면, 보편주의자인 복지-개혁주의자의 입장으로부

---

10) Claudia Card, "Particular Justice and General Care", in *Controversies in Feminism*, ed. by James P. Sterba(Lanham: Rowman and Littlefield, 2000).

11) 혹은 아마 우리는 이것을 아버지가 그의 아이에게 그가[혹은 그녀가] 받을 만한 가치가 있는 것을 주는 (특수한) 정의라는 하나의 요구가 그가 그의 학생들 중 더 많은 학생들에게 그들이 필요로 하는 도움을 제공하는 (특수한) 정의라는 또 하나의 요구보다 우선권을 가지는 경우라고 생각해야 한다.

터 우리는 가난한 사람들을 위하여 최소한 기본적인 것을 확보하도록 요구받는다. 그리고 같은 것이 특수주의자의 입장에서 유래한 정의의 요구사항들에 대해서도 유효하다. 그것들도 또한 우리가 적어도 저 요구사항을 수행하기에 필요한 정도로 다른 사람들을 보살피도록 요구한다. 예를 들면, 특수주의자의 입장으로부터 우리는 우리의 친구들이 곤경에 처할 때 그들에게 특별히 도움이 되도록 요구받는다.

더욱이 두 입장 안에서 정의는 보살핌을 요구할 뿐만 아니라 보살핌을 제한할 수 있다. 부모가 자기 자녀들을 망칠 때처럼 사람들은 그들 자신이나 다른 사람들에게 해로울 정도로 너무 지나치게 보살필 수 있다. 게다가, 우리가 사랑하는 관계에서 생기는 것으로 예상하는 것처럼 정의에 의해 제한되지도 않고 요구되지도 않는 보살핌은 여러 가지 면에서 정의를 넘어서도록 용인되고 있다.

이제 보편주의자의 입장과 특수주의자의 입장의 요구사항들 사이에 충돌이 생길 때, 그 충돌은 정의와 (도덕적으로 적당한) 보살핌 사이의 충돌로 생각될 수 있다. 그러나 그 충돌은 카드가 헬드의 사례에서 참이라고 주장했던 것처럼 또한 (특수한) 정의와 (보편적인) 정의 사이의 충돌로 생각될 수도 있다.[12] 그래서 보편주의자의 입장과 특수주의자의 입장을 구별하는 것은 우리가 정의와 보살핌을 구별하는 데 도움을 주지 못한다. 왜냐하면 정의와 보살핌에 대한 고려가 두 입장 안에서 발견되기 때문이다.[13]

---

12) 우리는 또한 그러한 충돌을 (보편적인) 보살핌과 (특수한) 보살핌 사이의 충돌로 볼 수도 있다.

13) 물론 우리는 특수주의자의 입장이 보편주의자의 입장보다 우선권을 가지는

그러나 만약 우리가 정의의 입장과 보살핌의 입장을 이론상 구별할 수 없다면, 하나 혹은 다른 입장에 초점을 맞춤으로써 사람들을 특징짓기 위하여 연구자들이 이 구별을 실제문제에 사용하는 것이 불가능하게 된다. 물론 사람들은 길리건이 관찰하는 빈도에 따라 정의와 권리라는 말을 사용하는 경향이 있다. 그러나 우리는 사람들이 이 말을 사용하거나 사용하지 않을 때 그들이 무엇을 주장하는가를 알기 위하여 이 용법의 배후를 살펴보아야 할 것이다. 만약에 정의의 입장과 보살핌의 입장 사이에 그럴듯한 이론적 구별이 없다면 다른 사람들의 필요에 대한 보살핌과 관심을, 보살핌이란 말을 사용할 뿐만 아니라 정의와 권리란 말을 사용하여 표현하는 사람들이 자주 발견될 것이다.

그럼에도 불구하고, 비록 우리가 정의의 입장과 보살핌의 입장 사이에 그럴듯한 이론적인 구별을 할 수 없을지라도, 적어도 어떤 정의의 개념은 다른 사람들의 필요에 대한 보살핌과 관심을 전적으로 표현할 수 있기 때문에 이 점에서 실천적 수준에서 전통윤리학에 대하여 여성주의자가 도전을 제기하는 것은 여전히 가능하다. 이것은 비록 이론적으로 적절한 정의의 개념이라도 여성의 이익을 알맞게 고려하지 못하는 방식으로 실제문제에 적용되는 경향이 있기 때문이다.

예를 들어, 롤즈(John Rawls)의 정의의 이론을 취해 보자. 칸트주의의 전통에서 연구하면서 롤즈는 우리가 앞에서 주목했던 것

때와 그 반대의 경우에 대해서 기술할 필요가 있다. 그러나 그것은 별개의 문제이다. 나 자신의 견해는 우선권의 문제는 모든 영향을 받는 쪽에서 정당화되는 방법으로 해결되어야 한다는 것이다. 나의 *How to Make People Just*, 80~82면을 보라.

처럼, 정의의 원리는 상상의 무지의 베일을 쓴 사람들이 만장일치
로 동의하면서 따라야 하는 원리이다. 이 상상의 베일은 자신에
대한 대부분의 특수한 사실—만장일치의 방식으로 자신의 선택이
나 입장에 편견을 품게 할 수 있는 것—로 확장된다. 그것은 자신
의 사회적 지위, 재능, 성, 인종 및 종교 등에 대한 자신의 지식을
가리지만 정치적, 사회적, 경제적 및 심리학적 이론들에 포함되는
것과 같은 일반적 정보에 관한 자신의 지식을 가리지는 않는다.
롤즈의 주장에 의하면 이 원초적 입장에 있는 사람들은 어떤 정의
의 원리를 선택하게 될 것이다. 왜냐하면 그들은 특히 롤즈가 "정
의감"이라고 부르는 것에 대한 능력, 즉 그들이 선택한 정의의 원
리에 따라 살 수 있는 능력을 가지고 있다고 가정하기 때문이다.[14]
롤즈의 이론에서 "정의감"에 대한 능력을 이렇게 가정하는 것은
원초적 입장에 있는 사람들이 공평한 가족에 의해 양육되었다는
가설에 근거를 두고 있다.[15] 그러나 한편 롤즈가 이와 같이 그의
정의의 원리를 공평한 가족의 가능성에 근거를 두고 있지만, 그가
그의 기념비적인 《정의론》(A Theory of Justice)을 출판하고 25년
이상이 지난 매우 최근(1997년)까지 롤즈 자신은 공평한 가족의
본질에 관하여 아무 것도 출판하지 않았다. 롤즈는 《정의론》을 출
판한 이래 여러 가지 방법으로 그의 정의론을 명료화하고, 발전시
켰으며, 1993년에 《정치적 자유주의》(Political Liberalism)라는 두
번째 책의 출판으로 절정에 달하였으므로, 우리는 오직 다음과 같
이 결론을 내릴 수 있을 뿐이다: 롤즈는 공평한 가족의 본질에 대

---

14) John Rawls, A Theory of Justice(Cambridge : Harvard University Press,
    1971), 19, 491면.
15) 같은 책, 490면.

114

하여 상술하는 것이 그의 이론을 방어하는 데 매우 중요하다고 생각하지 않았다.[16]

그러나 여성주의자의 입장에서 볼 때 공평한 가족의 본질에 관해 어떤 기술도 하지 않은 것은 《정의론》의 중요한 약점이다.[17] 미국에서 대략 20%의 어린이가 가난하게 살고 있고, 우리는 산업화된 사회에서 이탈리아와 함께 최고의 유아사망률을 공유하고 있으며, 볼리비아와 하이티를 제외한 서반구(西半球)에서는 2세 미만의 어린이에 대한 예방접종률이 가장 낮다. 또한 매일 13만 5천명의 어린이들이 학교에 총을 가지고 다니며, 7명의 어린이들 중한 명은 성적으로 학대받고 있으며, 가정이 여성에게는 실제로 도시의 거리보다 더 위험한 장소가 된다. 대체로 특정한 해에 결혼한 숫자보다 더 많은 여성들이 그들의 남편에 의해 학대받고 있고 응급실 치료를 받아야 하는 여성의 3분의 1이 가정 폭력의 결과로 입원하며, 초혼의 50%와 재혼의 60%가 이혼으로 끝나는 것 같

16) John Rawls, *Political Liberalism*(New York: Columbia University Press, 1993). 롤즈가 《정의론》 이후에 출간한 논문들 중에 《정치적 자유주의》에 직접적으로 구체화되지 않은 일부의 논문은 다음과 같다: "Reply to Lyons and Teitelman", *Journal of Philosophy*(1972); "Some Reasons for the Maximin Criterion", *American Economic Review*(1974); "Reply to Alexander and Musgrave", *Quarterly Journal of Economics*(1974); "The Independence of Moral Theory", in *Proceedings of the American Philosophical Association*(1974~5); "A Kantian Conception of Equality", *Cambridge Review*(1975); "Fairness to Goodness", *Philosophical Review* (1975); "Social Unity and Primary Goods", in *Utilitarianism and Beyond*, Amartya Sen and Bernard Williams, eds. (Cambridge: Cambridge University Press, 1982).

17) Susan Okin, *Justice, Gender and the Family*(New York: Basic Books, 1989), 제5장.

으며, 아버지가 결혼생활을 떠난 아이들의 42%가 지난 해 그 아버지를 본적이 없다는 것 등을 당신이 고려하게 되면, 우리가 공평한 가족의 본질에 관한 기술을 필요로 한다는 것은 분명해진다.[18] 비록 특수한 정의의 이론이 공평한 가족의 본질과 구조에 관해 적절한 기술을 전개할 수단을 가진다고 할지라도 그 이론의 옹호자들이 실제로 그렇게 하지 않기 때문에, 많은 여성주의자들이 주장하듯이, 현행의 가족 구조가 실제로 남성 중심의 편견에 사로잡혀 있을 때에도 그것이 도덕적으로 받아들일만하다고 인정하게 된다.[19]

뒤늦게, 주로 다른 주제로 쓰여진 최근의 논문에서 롤즈는 "기본적 구조의 일부로서 가족에 관하여"라는 제목을 단 항목을 포함하고 있다. 여기에서 롤즈는 그의 정의의 개념이 가족생활에서 가지는 어떤 의미의 문제를 과제로 삼고 있다.[20] 그리고 "아내들은 그들의 남편들과 같은 기본권, 자유와 기회를 가지기 때문에 이것

---

18) Stephanie Coontz, *The Way We Never Were*(New York : Basic Books, 1992), 2~3, 16면 ; Michael Wolff, *Where We Stand*(New York : Bantam Books, 1992), 23면 이하, 115면 ; Deirdre English, "Through the Glass Ceiling", *Mother Jones*, November 1992 ; *USA Today*, October 1~3, 1999를 보라. 20년만에 처음으로 가난한 아이들의 백분율이 20% 이하로 떨어졌다.

19) 예를 들어, *Feminism and Families*, ed. Hilde Lindemann Nelson(New York : Routledge, 1997)에 실린 논문들을 보라.

20) John Rawls, "The Idea of Public Reason Revisited", *University of Chicago Law Review*(1997), 787~794면. 흥미롭게도, 누스바움(Martha Nussbaum)은 가족에 대한 현대의 이론가인 오킨(Susan Okin)과 더불어 롤즈를 인용하고 있다. 오킨은 "법률상의 변화가 여성의 가치에 대한 존경과 자율성을 얼마나 증진시켜 왔으며, 공정한 기회균등이라는 규범을 확보할 수 있었는가"를 문제로 제기했다. 그러나 가족이 공정하다고 단지 가정하고 있는 《정의론》 이외의 다른 롤즈에 대한 유일한 참고문헌은 출판되지 않은 원고이

116

이 그들의 평등과 독립을 보장해야 한다"[21]고 주장한다. 그럼에도 불구하고 그의 주장에 의하면, 그의 정의의 개념은

> 남편과 아내가 가정에서의 성 역할의 차이가 드러나는 노동의 구분을 따르
> 는 것을 합리적이고 비용이 덜 들도록 [해주는] 사회체계 내에서, 그 구분
> 이 전적으로 자발적이고, 그 구분이 그 어디에서도 다른 형태의 성차별에서
> 기인하지 않거나, 혹은 다른 형태의 성차별에 이르지 않는 한, 가족 내에서
> 의 노동에 대한 전통적인 그 구분을 고려해야 할 것이다.[22]

이제 가족 내에서 노동의 구분에서 성 역할의 차이가 드러나고, 일반적으로 역할의 할당이 성이나 성의 사회화에 기초하여 이루어질 때, 가족 자체에 성 역할의 차이가 드러나게 된다.[23] 성 역할의 차이가 드러나는 가족에서, 사람은 자신의 성 때문에 혹은 자신의 성 때문에 어떤 방식으로 사회화되었기 때문에 그가 가지는 바로 그 역할을 가지게 된다. 이와 같이 롤즈는 성 역할의 차이가 드러나는 가족이 그의 정의의 개념과 양립할 수 있다고 믿었기 때문에, 그가 더 일찍이 공정한 가족의 본질에 대하여 문제를 제기하지 않았다고 볼 수 있다. 성 역할의 차이가 드러나는 가족이 공정하게 될 수 있다 할지라도, 현재 존재하는 성 역할의 차이가 드러나는 많은 가족이 공정한 것으로 밝혀지는 한 공정한 가족에 대

다. 그녀의 *Cultivating Humanity*(Cambridge : Harvard University Press, 1997), 196면과 주석 11을 보라.
21) 같은 책, 789~790면.
22) 같은 책, 792면.
23) Paula England, ed., *Theory on Gender/Feminism on Theory*(New York : Aldine De Gruyter, 1993).

해 기술하는 데 서두를 필요가 없다.

아직, 적어도 미국에서 남자와 여자에게 평등한 기회를 보장하려면 우리가 계속하여 전통적인 가족의 구조를 근본적으로 수정해야 한다. 이용 가능한 직업의 상당한 비율이 적어도 일상적인 일이라면, 미취학 아동이 있는 가족은 그 성인 구성원이 직업을 구할 수 있으려면 주간 탁아 시설이 필요하다. 그러나 불행하게도 많은 가족이 그런 시설을 이용할 수가 없다. 예를 들면 뉴욕 시에서는, 주간 탁아 시설을 이용하기 위한 아동 대기자가 3만 5천 명에서 4만 명이며, 2001년까지 주간 탁아 시설을 필요로 하는 아동이 10만 9천명으로 증가하리라고 보고되었다. 시애틀의 경우 공식적으로 인가된 주간 탁아 시설 공간을 필요로 하는 2만 3천 명의 아동들 중 겨우 8천 8백 명을 수용할 수 있다. 로스앤젤레스에는 13만 5천 명이 그러한 프로그램을 필요로 하지만 주간 탁아 시설은 공식적으로 인가된 것이 없다. 뉴저지의 우드브리지에서는 24세의 독신 어머니가 지역의 상점에서 야간 근무를 하는 동안 그녀의 다섯 살 난 딸을 돌보지 않고 주차된 차에 방치하였다가 체포된 사건이 있었다. 그러나 그녀가 어떤 아동 보호 시설도 찾을 수 없었고, 전 남편으로부터 어떤 도움도 받지 못하면서 그녀 자신과 딸을 부양하기 위하여 열심히 일했다는 것이 알려졌을 때. 그녀에 대한 모든 심각한 (법적) 책임이 면제되었다.[24]

---

24) *New York Times*, October 25, 1999; Sheila Kamerman, "Starting Right: What We Owe Our Children Under Three", *The American Prospect*, Winter 1991; Ruth Sidel, "Day Care: Do We Really Care?", in *Issues in Feminism*, ed. by Sheila Ruth (Mountain View, Calif.: Mayfield, 1990), 342면. 현재 99%의 미국의 사기업의 고용주들은 그들의 피고용인들에게 여전

게다가, 심지어 미국 내에서 이용할 수 있는 주간 탁아 시설은
종종 적절하지 못하다. 그것은 그 탁아 시설의 직원들이 제대로
교육을 받지 못하였기 때문이거나, 혹은 그러한 시설에서 어른(교
사)과 아동의 비율이 너무 높기 때문이다. 탁아 시설에서 일하는
사람들은 모든 임금 근로자 중에서 하위 10번 째, 곧 건물관리인
바로 아래에 속한다. 그들은 자주 건강보험이나 (세금의) 면제 혜
택을 받지 못하며, 그것이 아동의 보살핌을 훨씬 매력이 없는 직
업으로 만들고 있다. 보통의 탁아 시설 센터에서 직원의 이직률은
매년 41%이다.[25] 비록 가난한 가정이 주간의 탁아 시설에 그들의
수입의 약 25%를 사용함에도 불구하고, 그런 많은 시설들은 기껏
해야 맡아 주는 정도의 보살핌밖에 제공하지 못하며, 최악의 경우
에는 그들이 실제로 그 보살핌으로 아동의 발달을 더디게 한다.[26]
이것으로 판단하면, 적어도 적절한 주간 탁아 시설이 없을 때, 미
취학 아동이 적절하게 보살핌을 받을 수 있으려면, 자주 그 가족

히 주간 탁아 시설을 제공하지 못한다. Susan Faludi, *Backlash*(New York:
Crown Publishing Co., 1988) p. xiii: *New York Times*, November 25,
1987을 보라.

25) Amitai Etzioni, *The Spirit of Community*(Crown Publishers, 1993), 제2
장.

26) *Mother Jones*, May/June 1991; *New York Times*, November 25, 1987;
Ruth Sidel, "Day Care: Do We Really Care?" 또한 Phyllis Moen,
Woman's Two Roles(New York: Auburn House, 1992)를 보라. 미국 노동
성의 전국적인 연구에 따르면, 주간 탁아 시설의 1%는 '탁월하고', 15%는
'양호하며', 35%는 본질적으로 '맡겨놓는 정도'이거나 '보통'이고, 거의 반은
'열등한' 것으로 생각되고 있다. Sidel, 341면을 보라. 또한 '가격, 특성, 아동
성과 연구단'의 *Cost, Quality and Child Outcomes in Child Care Centers*,
2nd ed. (Denver: University of Colorado Press, 1995)를 보라.

의 성인 구성원 중 한 사람이 가정에 머물러 그 보살핌을 제공해
야 한다. 그러나 대부분의 직업이 적어도 9시부터 5시까지이기 때
문에, 가정에 머무는 성인 구성원들이 취업을 포기하지 않으면 안
된다. 그러나 그런 희생은 롤즈의 정의의 개념에서 평등한 기회라
는 요구사항과 충돌하게 된다.

　부모 중 한 사람이 일정한 기간 직업을 포기하고, 다른 한 사람
이 뒤이어 (동등한) 기간 취업을 포기하게 함으로써 가족이 이 평
등한 기회라는 요구사항을 충족시키려고 시도할 수 있다. 그러나
여기서도 또한 문제가 있다. 어떤 직업은 상당한 기간 일시적으로
중단하기가 어렵고, 한편 다른 직업은 신입 사원에게 적절하게 보
상해주지 않는다. 게다가, 높은 이혼율과 가장 합법적으로 위탁된
아동의 부양이 적당하지 못하면, 그들의 직업을 먼저 포기한 사람
들은 나중에, 한편으로 계속해서 자신의 자녀들의 으뜸가는 보호
자 역할을 하면서, 그 직업을 시작하거나 혹은 회복하려 시도하는
불가능한 과제에 직면하게 된다.[27] 더욱이, 자녀들이 부모 두 사람
으로부터 동등하게 양육을 받으면 더 많은 이로움이 있다는 상당
한 증거가 있다.[28] 그래서 바로 부모 중 한 사람이 상당기간 자녀
를 양육하게 하는 선택은, 다른 조건이 같다고 하면, 최선의 것은

---

27) Lenore Weitzman, *The Divorce Revolution: The Unexpected Social and
　　Economic Consequences for Women and Children in America*(New
　　York: Free Press, 1985)를 보라.

28) Dorothy Dinnerstein, *The Mermaid and the Minotaur*(New York:
　　Harper and Row, 1977): Nancy Chodorow, *Mothering: Psychoanalysis
　　and the Sociology of Gender*(Berkeley: University of California Press,
　　1978): Vivian Gornick, "Here's News: Fathers Matter as Much as
　　Mothers", *Village Voice*, October 13, 1975.

120

못된다.

그러므로 가정에서 아이의 양육을 공유하기 위하여 필요한 것
은 부모 두 사람이 날마다 상당한 기간 그들의 자녀와 함께 있도
록 허용하는 근무시간을 선택할 수 있는(전형적으로 파트 타임)
작업 계획이다. 미국에서는 근무시간을 선택할 수 있는 어떤 작업
계획이 이미 여러 회사에서 시도되어 왔다. 예를 들면 뒤퐁은 파
트 타임으로 일하는 2천 명의 직원과 1만 명과 1만 5천 명 사이의
근무시간 자유선택제를 받아들이고 있으며, IBM도 직원이 3년간
파트 타임으로 일하고도 여전히 전일 근무 혜택을 받을 수 있게
하는 '근무시간을 선택할 수 있는 작업 휴가' 계획을 가지고 있
다.[29] 불행하게도 1993년 미국 가족 휴가 법령은 단지 12주의 무
급 휴가를 명하고 있으며, 그것도 50명 이상의 직원이 있는 회사
에만 적용되었다. 게다가 그 법령은 모든 회사의 단지 5%와 모든
근로자의 60%에만 적용될 뿐이다. 한 연구에 의하면, 근로 여성의
단 40%만이 심각한 경제적 곤란을 겪지 않고 완전한 무급 휴가를
이용할 수 있을 뿐이다.[30] 대조적으로, 캐나다에서는 근로자들이
급료의 60%를 지급 받는 15주의 유급 휴가를 가질 수 있으며, 스
웨덴에서는 급료의 90%를 지급 받는 36주의 유급 휴가를 받고, 그
다음 18개월 동안 할당된 유급 휴가를 받는다.[31] 실제로 미국은
유엔이 조사한 152개국 중에서 유급의 출산 휴가를 요구하지 않
는 6개국 중 하나이다.[32] 그러나 평등한 기회가 현실성이 있으려

29) Amitai Etzioni, *The Spirit of Community*, 제2장.
30) *In These Times*, February 22, 1993.
31) 같은 책.
32) *New York Times*, February 16, 1998.

면, 유급 가족 휴가 내지 근무시간을 선택할 수 있는 작업 계획의
선택권이 미취학 아동이 있는 모든 사람에게 보장되어야 한다. 최
근의 평가에 의하면 결혼한 전임의 직업여성은, 가사의 83%를 담
당하는 보통 수준의 전임의 주부들과 거의 같은 양(70%)의 가사
를 여전히 돌보고 있다.[33] 만약 우리가 남자와 여자에 대한 평등한
기회의 이상을 성취하고자 한다면, 명백히 이것도 또한 변해야 할
것이다.

　그러나 남자와 여자에 대해 평등한 기회라는 이상과 모순이 없
는, 그러므로 공평한, 성 역할의 차이가 드러나는 가족이 있을 수
있다는 롤즈의 주장에 대해서는 어떤가? 성 역할의 차이가 드러나
는 가족이 여전히 공평할 수 있다는 롤즈의 주장을 뒷받침하려는
시도에서 로이드(Sharon Lloyd)는 두 가지 사례를 제시했다.[34] 첫

---

33) Women's Action Coalition, *WAC Stats: The Facts About Women*(New
York: New Press, 1993), 60면. 또 하나의 연구에 의하면, 노동력으로 고용된
아내들은 그들의 노동 시장의 직업에 덧붙여 매주 대략 29시간의 가사 노동
을 한다. 노동력으로 고용되지 않은 아내들은 주로 어린 아동들이 있기 때문
에 차이가 있지만 매주 32시간에서 56시간의 가사 노동을 한다. 전체적으로,
남편들은 그들의 아내가 노동력으로 고용되든 아니든 상관없이 매주 대략 11
시간을 가사 노동에 소비한다. Shelley Coverman, "Women's Work Is
Never Done", in *Women: A Feminist Perspective*, 4th ed., ed. Jo
Freeman(Mountain View, Calif.: Mayfield, 1989), 356~368면을 보라. 남자
들이 그들의 가사 노동의 분담 양을 증가시키는가에 관한 연구에 의하면 아
직 현저한 증가를 보이고 있지 않으나, 한 연구에 의하면 남편들이 매일 11분
더 가사 노동에 참여했다. 또한 Joni Hersch and Leslie Stratton,
"Housework, Wages, and the Division of Housework Time for
Employed Spouses", *AEA Papers and Proceedings* 84(1994), 120~125면
을 보라.
34) Sharon Lloyd, "Situating a Feminist Criticism of John Rawls's *Political*

번째 사례에서는 한 부부가 조기에 퇴직하여 남은 생애동안 전 세계를 항해하기 위하여 충분한 저축을 하는 것을 꿈꾼다. 이 목표를 성취하기 위하여 그 남편은 그가[혹은 그의 부인이] 얻을 수 있는 다른 어떤 직업보다 더 돈이 벌리는 직업에서 귀한 재능을 개발하고 이용하는 데 전적으로 전념한다. 그녀는 혼자 힘으로 자녀들을 보살피고, 그들의 인격의 형성기에 자녀를 양육한다. 다른 사례에서는 한 부인이 호화로운 집에 살면서 화려한 생활을 즐기기를 원하는 한편, 그녀의 남편은 수수하고 검소한 생활을 더 원한다. 이들은 타협책으로 부인이 원하는 생활을 위해 돈을 마련할 수 있도록 그녀가 남편보다 더 열심히 그리고 더 오래 일한다는 양해 아래 호화로운 집을 구입하기로 결정한다.

　실제로 로이드는 우리에게 공평한 성 역할의 차이가 드러나는 가족의 사례를 제공했는가? 사실 그 사례들은 어떤 결정을 하기에 충분할 정도로 완전하게 상술되고 있지 않다. 가족에서 성 역할의 차이가 드러나는가 혹은 그렇지 않은가는 그들이 사는 사회에서 남자와 여자가 이용할 수 있는 기회에 달려 있다. 가족 구조의 안팎에서 남자와 여자에게 평등한 기회가 주어진다면, 그 사회에서의 가족은 성 역할의 차이가 있는 가족이 아닐 것이다. 왜냐하면 그 사회에서의 역할의 할당은 성이나 혹은 성의 사회화에 기초하여 이루어지지 않기 때문이다. 따라서 로이드가 기술한 가족에서 남자와 여자가 평등한 기회를 가진다면 그 가족은 성 역할의 차이가 드러나지 않는다. 남자와 여자에게 평등한 기회가 있는 사회에서 성 역할의 차이가 드러나는 가족은 있을 수가 없다. 왜냐하면

Liberalism", *Loyola of Los Angeles Law Review* 28(1995), 1338~1343면.

그 사회에서의 역할의 할당은 평등한 기회, 사람들의 자연적인 능력과 그들의 자유로운 선택에 근거하여 이루어질 것이기 때문이다. 성 역할의 차이가 드러나지 않는 사회에서, 남자와 여자는 그들의 자유로운 선택에 따라서 그 사회에서의 역할을 이행하기 위하여 그들이 가진 자연적 능력이 무엇이든 간에 그것을 개발할 평등한 기회를 가지게 될 것이다. 그러한 사회에서, 로이드가 기술한 그런 종류의 가족에 의해 양육된 아동들은 그들 부모의 구별이 있는 역할을 성 차이를 드러내는 역할로 보지 않고, 오히려 남자와 여자에게 평등한 기회가 주어진 상황에서 그들이 자유롭게 선택한 역할로 보게 되리라는 것을 또한 주목하라.

물론, 성 역할의 차이가 드러나지 않는 공평한 사회라고 할지라도 신체적인 조건에 의해서, 그 능력의 일부가 결정된다(예를 들면, 어떤 사람이 아기를 낳을 수 있는가).

그러나 이것은 성이나 혹은 성의 사회화를 기초로 하는 할당과는 근본적으로 다르다. 왜냐하면 후자의 할당에서는 성에 기초하지 않은 중요한 자연적 능력이 무시되거나 경시되고(예를 들면, 남자의 경우에는 자녀의 양육, 여자의 경우에는 독립), 평등한 기회가 확보되지 못하며, 자유로운 선택이 훼손된다. 이것이 성이나 혹은 성의 사회화를 기초로 하는 역할의 할당이 도덕적으로 못마땅한 이유이다.

그러나 아네손(Richard Arneson)은 성 역할의 차이가 드러나지 않는 사회가 (이성애적인) 결혼의 1/2에서는 남자가 자녀를 1차적으로 돌보는 사람이고, 다른 1/2에서는 여자가 자녀를 1차적으로 돌보는 사람인 방식으로 남자와 여자 사이의 통계적인 평등에 의해 특징지어질 수 있는가 하는 질문을 제기했다.[35]

실제로 이것은 남자와 여자가 평등한 기회를 가지는 사회에서도 거의 일어날 것 같지 않다. 그런 조건에서는 대부분의 가족에게 기대되는 규범은 가족 구조의 안팎에서 역할을 평등하게 분배하는 것이 될 것이다. 왜냐하면 그것이 어떤 사회에서의 역할의 할당이 평등한 기회, 자연적 능력과 자유로운 선택을 기초로 할 때, 남자와 여자가 그들 자신을 개발할 수 있는 정상적인 방식일 수 있기 때문이다.[36] 이것은 로이드가 기술한 종류의 사례가 이 규범에 대한 예외인 것으로 드러나리라는 것을 뜻한다.

그렇다 하더라도 남자와 여자에게 평등한 기회가 보장되는 체계에서, 우리가 신체적인 성과 여전히 서로 관련되어 있는 역할을 성 차이를 드러내는 역할로 인용할 수 없는가? 예를 들면, 남자와 여자에게 평등한 기회가 보장되는 체계에서, 여자들이 머리와 가슴 사이의 평균거리가 더 짧아 중력을 잘 견디기 때문에 여자가 현재 군대에서 으뜸가는 역할인 전투기 조종사의 대부분을 차지하고 있다는 것이 밝혀지고, 남자들이 평균적으로 더 큰 신체를 가지고 있기 때문에 주로 백병전이 필요한 보병에 남자가 더 많은 것으로 밝혀진다면 우리는 그런 역할을 성 차이를 드러내는 역할로서 인용할 수 없는가?[37]

물론 우리는 그렇게 할 수 있다. 그러나 "성 차이를 드러내는 역

---

35) Richard Arneson, "Feminism and Family Justice", *Public Affairs Quarterly* 11:4, October 1997, 318~319면.

36) 이것은 인간 능력의 완전한 배열을 요구하는, 가족 밖에서 필요한 많은 다양한 지위와 역할이 있다는 것을 가정하고 있다.

37) 전투기 조종사로서 여성이 지닌 자연적인 이점에 대해 더 많이 알려면, Linda Bird Francke, *Ground Zero*(New York: Simon and Schuster, 1997), 236면을 보라.

할"이란 용어의 그러한 사용에서 그 요점이 무엇인가가 명확하지
않다. 확실히 이 용법은 성 차이가 드러나는 역할을 평등한 기회,
자연적 능력과 자유로운 선택을 기초로 하기보다는 오히려 성과
성의 사회화를 기초로 하여 할당되는 역할로 보는 보통의 이해와
충돌하게 된다.[38]

  그러므로 우리는 롤즈의 정의의 개념이 정확하게 가족의 구조
에 적용될 때 그 개념은 성 역할의 차이가 드러나는 가족—정상
적으로 이해될 때, 남자와 여자에 대한 평등한 기회와 모순되는
가족—을 배제한다는 결론에 이르게 된다. 불행하게도, 롤즈와 대
부분의 그의 이론을 옹호하는 사람들이 이러한 결론을 이끌어내
지 못하기 때문에 우리가 그의 이론의 실천적인 적용이 실제로 남
성 중심의 편견에 사로잡혀 있다고 설명하게 된다.

  그러나 이 점에서 공리주의나 아리스토텔레스에 기초한 정의
이론에 대한 현대의 옹호자들이 더 잘하는 것도 아니다. 그들의
이론을 적용함에 있어, 희귀한 예외마저 금하면서도, 그들 또한 남
자와 여자 양자에게 평등한 기회를 확보하기 위하여 그들의 이론
이 성 역할의 차이가 드러나지 않는 사회를 요구한다는 점을 인정
하지 못하고 있다.[39] 그래서 한편으로 그들의 이론이 또한 여자의

---

38) 롤즈가 우리는 "가족 내에서 전통적인 성 차이가 드러나는 노동의 구분을
   허용해야 하는 것으로 주장할 때", 평등한 기회와 모순이 되지 않는 이런 의
   미의 성 차이가 드러나는 역할을 가리켰던 것 같지 않다. 왜냐하면 출산하고
   모유로 키우는 것과 같은 성 차이가 드러나는 역할로서 가족의 역할은 우리
   가 "전통적인 성 차이가 드러나는 노동의 구분을 허용하게 되는" 역할이 아니
   기 때문이다. 오히려 그것들은 생물학적인 필연성으로 인해 이런 의미에서 성
   차이가 드러나는 노동의 구분이 있어야 하는 역할이다.
39) 아리스토텔레스의 전통에서 나타나는 이런 예외를 알려면 누스바움(Martha

126

이익을 고려할 정도로 이론적으로 적절하지만, 공리주의자들과 아리스토텔레스주의자들은 탁월하게 그들의 이론을 실제로는 남성 중심의 편견에 사로잡힌 방식으로 적용해 왔다. 한편 이론적 수준에서가 아니라 실천적 수준에서 잘못이 있었으므로, 실천적 수준에서의 이 잘못이 불행하게도 널리 퍼지게 되었다.

문제는 특히 심각하다. 한편으로는 사회 안에 여전히 남자와 여자 사이의 매우 많은 불평등이 있기 때문이고, 다른 한편으로는 윤리학의 역사에서 아리스토텔레스와 칸트 같은 대부분의 주요 인물들이 이런 종류의 불평등을 자연적이고 옳은 것으로 옹호해 왔기 때문이다.[40] 결국 현대의 도덕 철학자들이 그들의 정의 이론을 제시하면서 남자와 여자 사이의 이런 불평등을 소개하고 비난하지 않았기 때문에, 우리가 여자들의 이익을 충분히 고려하지 않고, 그들에 대해 편견을 가지게 되었다.

전통적인 공적/사적 구별의 실천적 부적합성

전통적인 정의 이론이 여자의 이익을 적절하게 고려하지 못한 실천적 잘못은 전통윤리학에서 공적/사적 구별이 적용되어 왔던 방식과 관련되어 있다.[41] 공적/사적 구별의 이면에 있는 사상은 사

Nussbaum)의 가장 최근의 저서인 *Sex and Social Justice*(New York: Oxford University Press, 1998)를 보라.

40) James P. Sterba, *Ethics: Classical Western Texts in Feminist and Multicultural Perspectives*(New York: Oxford University Pres, 1999)에서 정선된 것을 보라.

람들이 그들 자신의 결정을 할 자유가 있고, 그리고 법의 강제가
느껴지지 않는 생활 영역(사적 영역)이 있어야 한다는 것이다. 이
것은 법이 우리의 생활을 간섭하고, 통제하고 그리고 지시하는 것
이 매우 적절한 생활 영역(공적 영역)과 대조된다. 이론에서 이
구별은 대단한 생각이다. 확실히 법의 효력이 미치지 않는 우리의
생활 영역, 곧 법적인 형벌이나 책무를 겪지 않고 우리가 원하는
것을 할 자유가 있는 영역이 있어야 한다. 그리고 확실하게 우리
가 정당하게 법의 지배권에 예속되는 우리의 생활 영역이 있어야
한다. 그러나 실천에 있어서는 정의 이론과 마찬가지로, 이 공적/
사적 구별도 남성 중심의 편견에 사로잡힌 방식으로 적용되어 왔
다.

  이 구별이 현재 적용되듯이, 적어도 미국에서는, 자녀의 양육을
포함한 가족 생활은 사적인 영역, 즉 법의 효력이 미치지 않는 영
역에 속하는 것으로 생각된다. 그러나 실천에 있어서 자녀의 양육
을 포함하여 가족 생활은, 마치 경제가 법률에 의해 지배되어 온
정도만큼이나 거의 언제나 법률에 의해 지배되어 왔다. 예를 들면,
1745년 메사추세츠 주 의회는 알파벳을 모르는 6세 이상의 어린
이는 누구나 다른 가정으로 옮겨져야 한다고 명령했다.[42] 1880년
대에 일리노이주 대법원은 그녀의 부모의 소원에 개의치 않고, 물
건을 팔면서 구걸을 하거나 구호금품을 받는 소녀를 누구이건 무

---

41) 공적/사적 구별에 대해 여성주의자가 논한 명저인 Carole Pateman,
   "Feminist Critiques of the Public/Private Dichotomy", in S. I. Been and
   G. F. Gaus, eds., *Public and Private in Social Life*(New York: St. Martin's
   Press, 1983), 281~347면을 보라.
42) Edmund Morgan, *The Puritan Family*(New York: Harper and Row,
   1966), 148면.

128

기한으로 공공시설에 수용하는 것이 합법적이라고 주장했다.[43] 1935년(1939년에 개정)의 미국 사회보장법에 따르면, 대부분의 여자들은 그들의 남편으로부터만 보험 등의 급부금을 받았다.—많은 사람들이 나중에, 만약 부부 관계가 20년 이하에서 끝난다면 그들은 전혀 보험 등의 급부금을 받지 못하게 된다는 사실을 알게 되었다.[44] 1970년대와 같은 최근에도 미국에서는 다른 사람들과 요리용 설비를 공유하는 어떤 가난한 가족에게도 식량배급표가 거절되었다.[45] 그래서 역사적으로는, 적어도 미국에서는 가족 생활이 합법적으로 지배되어 왔다. 가족 생활의 합법적인 지배 때문에 가장 최근에는 그런 지배가 있다는 사실조차 부인하게 되었으며, 가족 생활이 어떻게 지배되고 통제되어야 하는가를 결정하기 위하여 가족 생활의 본질을 공적으로 평가할 필요성조차 부인하게 되었다.

그럼에도 불구하고, 일단 가족 생활이 상당한 정도로 법률에 의해 지배되어 왔으며 그러므로 가족 생활이 공적 영역에 속한다는 것이 인정되면 합법적인 지배가 계속되어야 하는가, 그리고 만약 그렇다면, 그 합법적인 지배가 어떻게 행사되어야 하는가의 문제가 제기된다. 확실히 사회에 대한 가족의 중요성이 인정되면, 가족 생활의 합법적 지배는 이치에 닿는다. 그러나 만약 여자들의 이익이 적절하게 고려되어야 한다면, 법률이 공적 영역에서 가족 생활을 지배하고 통제하는 방식에 많은 변화가 명확히 요구된다. 나는

---

43) Anthony Platt, *The Child Savers: The Invention of Delinquency* (Chicago: University of Chicago Press, 1969), 111면.
44) Stephanie Coontz, *The Way We Never Were*, 137면을 보라.
45) 같은 책, 136면.

이미 적절한 주간 탁아의 필요를 언급해 왔다. 대부분의 서유럽 국가들에서는 주간 탁아가 법률에 의해 그것을 요청하는 모든 사람에게 제공된다.[46] 법률은 또한 미취학 자녀를 가진 부모에게 근무시간 자유선택제의 제공을 보장하고, 부모의 유급 휴가와 무급 휴가의 효과적인 혼합을 명령하기 위하여 사용되어야 한다.

더욱이 만약 가족의 구조가 공평할 수 있으려면, 가정 밖에서 일할 여자의 기회가 남자의 기회와 마찬가지라는 것을 보증할 필요가 있다. 이것을 성취하기 위하여, 법률이 남자와 여자에게 평등하게 좋은 교육과 평등하게 좋은 직업에 평등한 접근을 보장할 필요가 있다. 더구나 법률은 직원, 특히 여자를 여러 가지 형태의 성적 차별, 특히 성폭력으로부터 보호하여 여자가 남자가 고용되는 것과 같은 기간 및 조건으로 고용될 수 있게 하여야 한다.[47] 이혼의 경우, 법률은 또한 물질적 재산의 공정한 분배와 자녀에 대한 공정한 양육을 제공하여야 한다. 이것은 심각한 문제이며, 특히 미국에 있어서 심각한 문제였다.[48] 이혼을 하게 되었을 때 보통 여자와 어린이들은 생활수준이 현저하게 떨어진 반면, 이혼한 남자의 생활수준은 향상되었다.

그러나 법률이 가족 생활을 통제하고 지배하기 위하여 사용되어야 할지라도, 남자와 여자 사이의 평등한 기회를 확실하게 하도록 돕기 위하여 법률을 사용하는 것이 실제로 전통적인 가족 생활을 파괴한다는 이의가 제기될 수 있다. 그러나 여기서 "전통적인

---

46) Noreen Connell, "Feminists and Families", *The Nation*(August 1986), 106~108면.

47) 더 많이 논하려면, 나의 책 *Justice for Here and Now*, 93~99면을 보라.

48) 주 27을 보라.

130

가족"이라는 말로 우리는 무엇을 뜻하고 있는가? 만약에 우리가 남자가 집안의 경제를 담당하고 여자가 자녀를 양육하는 데 기초를 둔 가족을 뜻한다면, 확실히 그런 종류의 가족은 서구 사회에서 빠르게 사라지고 있다. 예를 들면, 미국에서는 1986년에 가족의 7%만이 그런 의미에서의 전통적인 가족이다.[49] 게다가 미국에서 전통적인 가족이 사라지는 데 아마도 크게 기여해 온 요인은 여자에게 보다 많은 기회를 개방한 것이 아니라 혼자서 버는 가족의 수입의 감소이다. 1980년대에 미국에서 만들어진 새로운 직업의 반은 4인 가족의 빈곤 계수보다 낮은 임금을 지불했고, 근로 여성의 40%가 연 2만 달러 미만의 수입을 지닌 남자와 결혼했으며, 그리고 만약 부모 두 사람이 일하지 않으면, 두 사람의 부모가 있는 모든 가정의 1/3 이상이 가난하다는 것을 생각해 보라.[50] 어느 경우든, 미국에서 현재의 실상은 여자가 유급 노동력의 거의 50%이며, 그리고 논쟁을 일으키는 문제는 이 상황에서 우리가 가족 구조의 안팎에서 평등한 기회 혹은 공정성의 목표를 추구하고 있는가 하는 것이다.[51]

가족 구조의 밖에서 같은 직업 부문에서 일하는 남자와 여자는 때때로 수입이 서로 다르다. 예를 들면, 한편으로 미국에서 여성 사무직 노동자는 1995년에 주급 384달러의 평균 임금을 받았지만,

49) Barrie Thorne, *Rethiking the Family*(Boston: Northeastern University Press, 1992), 9면.
50) Stephanie Coontz, *The Way We Never Were*, 제11장. 전통적인 가족의 절정기에—미국에서는 50년대와 60년대에—그 가족이 여자들에게 별로 좋은 것이 아니었다는 상당한 증거가 또한 있다.
51) Francine Blau and Ronald Ehrenberg, eds., *Gender and Family Issues in the Workplace*(New York, Russell Sage Foundation, 1997), 1면.

남성 사무직 노동자의 평균 임금은 489달러였다.[52] 그러나 더욱 자주 남자와 여자는 다르게 보수를 지급 받는 다른 직업 부문에 고용되는 경향이 있다. 덴버(Denver)에서 행해진 한 연구에 따르면, 간호사로 고용된 여자가 나무 베는 사람으로 고용된 남자보다 적은 임금을 받았다. 미국의 다른 연구에 따르면, 상품 전시장의 안내원으로 고용된 남자가 치과 위생사로 고용된 여자보다 많은 임금을 받았다. 이 각각의 사례에 있어서, 여자는 남자보다 대략 20% 정도 적게 버는 반면 숙련도, 책임, 노력 및 근로조건으로 평가할 때 여자의 직업이 비교되는 남자의 직업과 같거나 더 높은 점수를 받았다. 그러나 확실히 같거나 비교할만한 일에서 남자가 버는 것과 같은 정도로 벌 기회를 여자에게 거부하는 이러한 방법들 중에 어느 것도 도덕적으로 정당화될 수 없으며, 이미 약간의 사례에서 행해진 것처럼 그것들을 다룰 법률상의 구제책을 입안할 필요가 있다.[53]

그러나 가족 구조 안에서 평등한 기회 혹은 공정성을 요구하기 위한 비슷한 정당화가 있는가? 명백히, 가족 안에서 평등한 기회 혹은 공정성은 배우자 두 사람이 유급 노동력으로 전시간제로 일할 때, 다른 조건이 동등하다면 그들 두 사람은 가사를 돌보거나 자녀를 양육하는 일을 평등하게 공유할 것을 요구한다. 만약 그렇지 않으면, 흔히 있는 일처럼 거의 언제나 한쪽 배우자인 아내가 가정에서 또 하나의 교대조로 일을 끝내게 될 것이고, 그것은 보통 가정 안팎에서 그 배우자의 일과 복지에 불리한 영향을 미친다. 물론 한쪽 배우자만이 유급 노동력으로 고용되거나, 혹은 한쪽

---

52) *Statistical Abstracts of the United States* 1996, 426면을 보라.
53) 더 많이 논하려면, 나의 책 *Justice for Here and Now*, 109~112면을 보라.

132

배우자만이 전시간제로 일을 한다면, 다른 쪽 배우자가 가사를 돌
보고 자녀를 양육하는 책임을 더 많이 질 것을 기대하는 것이 온
당하다. 그러나 그런 경우에, 평등한 기회와 공정성의 요구에 따르
면, 이성애적인 가정에서 가사를 돌보고 자녀를 양육하는 책임을
더 많이 지는 것이 여자일 것이라고 기대하는 것이 온당하지 않은
것은 그렇게 하는 것이 남자일 것이라고 기대하는 것이 온당하지
않은 것과 같다.

　그렇다면 가족 구조 안에서 평등한 기회와 공정성의 이런 요구
사항들을 왜 구체화하지 않는가? 가사를 돌보고 자녀를 양육하는
것이 남자가 떠맡을 적절한 활동이 아니라고 배운 불완전한 교육
때문에, 때때로 남자가 가사를 돌보거나 자녀를 양육하는 데 필요
한 기술이 부족하다고 주장된다.[54] 그러나 확실히 이것이 요구하
는 것은 평등한 기회의 표준을 거절하는 것이 아니라 오히려 이
점에서 남자의 기술을 증진시킬 어떤 치료적인 프로그램, 다른 말
로 하면 남자에게 긍정적인 활동을 도입하는 것이다. 이것은 가족
안에서 소년 소녀의 초기교육이 평등한 기회 혹은 공정성의 표준
에 따라야 한다는 것을 확인할 필요 또한 가리킨다. 만약 가족 안
에서 소녀들이 개발을 위한 평등한 기회를 거부당하고, 또 소년
소녀가 그들의 자연적인 능력에는 상관없이 어떤 역할과 직업은
그들의 성 때문에 그들에게 개방되어서는 안 된다고 배운다면, 이
것은 인생에서 나중에 남자와 여자 사이에 평등한 기회나 공정성
을 창출하고 유지하는 것을 확실히 더 어렵게 한다. 그러므로 다

---

54) 1989년에 레닌그라드에서 가르칠 때, 나의 파트너인 쿠라니(Janet
　Kourany)와 나는 두 남자 대학생으로부터 남자들은 본래 화장실을 깨끗하게
　사용하는 능력이 없다고 들었다.

른 조건이 같다면, 가족 안에서 소년 소녀는 또한 그들의 타고난
능력에 일치하여 같은 유형의 양육을 받아야 한다.

이제 적절한 주간 탁아, 부모의 유급 및 무급 휴가와 근무시간
을 자유롭게 선택하게 하는 직업 등이 가족 안에서 평등한 기회나
공정성을 성취하는데 도움이 될 수 있다. 이것들은 비록 남자들의
저항에 직면하겠지만, 여전히 더 행해질 필요가 있는 것이다. 우리
는 일찍이 전시간제로 일하는 결혼한 직업여성이 전시간제의 보
통의 주부만큼 많은 가사를 돌보고 있다는 사실에 주목하였다. 미
국의 다른 연구에 의하면, 남자들이 그들 자신에게 공정하지 못하
게 거의 동등한 양—48%—의 가사를 돌보고 있다고 알고 있다.
이들 연구에 따르면, 남자들은 그들이 36%의 가사를 돌볼 때 그
구분이 두 집단에 공정한 것으로 파악하며, 그들은 오로지 그들의
부인이 70% 이상의 가사를 돌볼 때 그 불평등이 공정하지 못한
것으로 파악한다.[55] 그러므로 우리는 대학을 포함하여 우리의 학
교에서 필수 교육 프로그램, 금연에 대한 광고와 비슷한 공적으로
자금이 지원되는 광고, 아동들에게 성 차이에 기초를 둔 광고의
금지, 그리고 가족 생활에서 평등한 기회와 공정성의 문제를 소개
하는 특수 교육 프로그램 이수를 조건으로 하는 결혼허가증의 수
여와 같은 척도에 의해 이런 불행한 결과를 가져오는 잘못된 생각
을 교정할 필요가 있다. 그뿐만 아니라 남자와 여자에게 평등한

---

55) Virginia Valian, *Why So Slow?*(Cambridge: MIT Press, 1998), 40면. 더욱
놀라운 것은 가정 밖에서 일하는 기혼 여성들도 유사한 절단점을 가지고 있
다. 그들은 약 75%의 가사를 돌볼 때까지는 그 구분을 그들 자신에게 부당한
것으로 보지 않는다. 그들은 66%의 가사를 돌볼 때 그 구분이 양쪽에게 공정
한 것으로 판단한다.

134

기회를 조건으로 하지 않는 사립학교와 교회와 같은 제도와 기구
에 대해 세금을 면제하는 등의 공적 지원이 거절되어야 한다. 그
런 척도를 충족시키려면, 우리는 우리의 생활에서 공적/사적 구별
을 명백히 해야 한다. 그러나 만약 여자가 남자와 같은 기회를 가
져야 한다면 실제적인 다른 대안은 없다.

　그러나 적어도 가족 구조 안에서 우리는 평등한 기회나 공정성
의 기준을 사용해서는 안 되며, 오히려 사랑과 애정의 기준을 사
용해야 한다는 이의가 제기될 수 있겠다. 그러나 단지 성이나 혹
은 성의 사회화 때문에 공정하지 않음을 요구하고, 평등하지 않은
짐을 부과하는 사랑과 애정의 기준은 사랑과 애정의 적절한 기준
이 아니다. 그러나 가족 안에서 사랑과 애정은 공정성이나 평등한
기회를 능가할 수 있고, 또 능가해야 한다. 그러나 사랑과 애정이
공정성이나 평등한 기회에 역행해서는 안 된다. 진정한 사랑과 애
정이 있는 곳에서 우리는 공정성과 평등한 기회를 요구할 필요가
없다. 오히려 이 가치들은 우리가 다른 사람에 대해 진정한 사랑
과 애정을 드러내는 방식의 일부로서 포함된다. 그러므로 가족 안
에서 진정한 사랑과 애정이 있다면 그들의 성이나 혹은 성의 사회
화를 기초로 하여 여자들에게 평등한 기회를 부인하지는 않을 것
이다.

　게다가 남자와 여자가 평등한 기회를 가질 수 있으려면 강간, 성
폭력, 성희롱의 형태로 여성에게 범하게 되는 높은 폭력 발생률을
낮출 필요가 있다. 그렇게 하기 위하여 우리는 더욱 우리의 생활
에서 공적/사적 구별을 다시 배치할 필요가 있다. 그러므로 법이
범죄자를 기소하고 유죄를 입증하는 것을 더 쉽게 하기 위하여 강
화되어야 하는 보통 방법에 덧붙여 법이 어린이에 대한 강간, 성

폭력, 그리고 성희롱을 찬양하고 합법화하는 극도로 노골적인 포르노를 금하는 데 도움을 줄 수도 있겠다. 맥키논(Catharine MacKinnon)은 이런 종류의 포르노는 여성의 시민권의 침해인 성차별대우를 실천하는 데 단순한 언어보다 더 큰 영향을 미친다고 주장해 왔다.[56] 한편 포르노에의 탐닉은 사적인 영역에 속하는 것으로 생각되어 왔지만, 맥키논은 여성의 생활에 공적인 영향을 미치는 것으로 보고 강제적인 조정이 필요하다고 주장해 왔다. 맥키논에 의하면, 포르노에 탐닉하는 남자들은 자위행위의 쾌감으로, 힘에 의한 여성 경시를 즐기게 되고 그들의 생활 속으로 들어온 여성들을 경시하는 같은 방법을 찾기 시작한다. 이러한 여성 경시의 혹독함 때문에 맥키논과 포르노를 반대하는 다른 여성주의자들은 극도로 노골적인 포르노가 여성의 시민으로서의 평등한 지위를 부인함으로써 여성의 시민권을 침해한다고 주장한다.[57] 물론 극도로 노골적인 포르노에 의해 여성들에게 가해지는 여성 경시

---

56) Catharine MacKinnon, *Feminism Unmodified*(Cambridge: Harvard University Press, 1987), 제14장: *Only Words*(Cambridge: Harvard University Press, 1993), 제1장. 맥키논에 의하면 극도로 노골적인 포르노에서 사용되는 자료들은 성적으로 숨김이 없고, 폭력적이며, 성차별주의적인 요소가 있다. 그리고 그녀는 그것들을 성애를 다룬 문학에서 사용되는 자료들과 대비하고 있다. 성애를 다루는 문학 또한 성적으로 숨김이 없으나 그것은 평등을 전제로 하고 있다. 분명히 그렇긴 하지만, 성적으로 숨김이 없는 자료를 적절하게 분류하는 것이 언제나 쉬운 것은 아니다.

57) MacKinnon, *Feminism Unmodified*, 제14장을 보라. 또한 Andrea Dworkin, *Pornography: Men Possessing Women*(New York: Plume, 1989): Susan Cole, *Pornography and the Sex Crisis*(Toronto: Amanita, 1989): Catharine MacKinnon, *Pornography and Sexual Violence: Evidence of the Links*(London: Everywoman Ltd., 1988)을 보라.

136

가 실제로 포르노의 금지를 정당화할 정도로 충분히 혹독한가라는 질문이 제기될 수 있다. 여기서 맥키논과 포르노를 반대하는 다른 여성주의자들은 극도로 노골적인 포르노에 접촉하게 되면 남자가 여자에게 대한 폭력적이거나 비폭력적인 형태의 차별적인 태도나 행동이 증가한다는 연구보고를 인용한다.[58] 다른 연구들에 의하면 2,380 사례 중 68%에서 포르노 자료를 본 후 가해자는 피해자나 그 밖의 다른 사람을 때리거나 혹은 성적으로 학대했으며, 또 가해자의 58%는 그들의 피해자에게 포르노 사진이나 기사를 보여 주었다고 한다.[59]

게다가 타인의 경험을 상상하여 느끼려 하거나 힘에 의하여 여성을 예속시키려는 활동으로 극도로 노골적인 포르노를 즐기게 된다면, 현실 생활에서 실제로 힘에 의하여 여성을 예속시키려는 욕망을 가지지 않고서, 남자가 그러한 즐거움을 누리면서 오르가즘의 절정에 이를 수 있는 방법을 아는 것이 어렵다.

남자가 그런 상황에서 욕망을 가지도록 자극하지 않는 것이 얼마나 어려운가를 알기 위하여 우리가 우연히 접촉하는 모든 소설에서 언제나 매력적으로 보이는, 도덕적으로 악한 인물이 언제나 매력적으로 보이지 않는, 도덕적으로 선한 인물을 이기는 세계에

---

58) MacKinnon, *Feminism Unmodified*, 제14장: *Pornography and Sexual Violence*(London: Everywoman Ltd., 1988). 또한 Gloria Cowan, "Pornography: Conflict Among Feminists,: in *Women*, ed. by Jo Freeman, 5th ed. (Mountain View, Calif.: Mayfield, 1995) 347~364면: Diana Russell, ed., *Making Violence Sexy*(New York: Teachers College Press, 1993).

59) Franklin Mark Osanka and Sara Lee Johann, *Sourcebook on Pornography*(New York: Lexington Books, 1989).

우리가 살고 있다고 가정해 보자. 이 소설에서는 찬양을 받는 히틀러나 스탈린 같은 인물이 비난받는 간디나 예수와 같은 인물을 언제나 이긴다고 생각해 보자. 그런 세계에서, 그 소설이 그 이야기에 접했던 사람들이 도덕적으로 악한 인물처럼 행동할 욕망을 가지도록 자극하지 않으리라고, 우리가 어떻게 생각할 수 있는가? 게다가, 만약 소설의 시적인 정의가 이런 형태로 뒤집어지기 시작하면 많은 사람들이 취하고 싶어하는 어떤 강력한 교정수단을 당신은 상상할 수 있는가? 그리고 그러한 강력한 교정수단을 취하기 위해 그 사람들이 제공하려는 이유가 시적 정의를 이렇게 뒤집는 것이 사람들로 하여금 현실 생활에서 비슷하게 행동하도록 이끌고 있다는 것은 아닌가?

그렇다면 극도로 노골적인 포르노를 금하기 위해 왜 유사한 정당화가 주어질 수 없는가? 그것은 도덕적으로 선한 인물(이 경우에 보통 여자, 그녀는 약하고 복종적인 듯하다)을 이기는 도덕적으로 악한 인물(이 경우에 보통 남자, 그는 강하고 지배적인 듯하다)에 있어서 시적 정의의 비슷한 전도(顚倒)를 포함하기 때문이다. 시적인 정의를 회복하기 위해 어떤 교정행위의 필요가 인정되는 상상의 세계와 극도로 노골적인 포르노가 금지되지 않는 우리 자신의 세계 사이의 차이점은 우리의 세계에는 사람들의 행위에 미치는 그 실제적인 영향을 깎아내리는 데 도움이 되는, 극도로 노골적인 포르노의 메시지에 대한 경쟁상대가 있다는 점이라고 주장될 수 있겠다. 어느 정도 이것은 사실이다. 평등에 관해 전제가 되는 경쟁상대—예를 들면 맥키논이 '성애를 다루는 문학' 혹은 '성적으로 숨김이 없는 자료'라고 부르는 것—가 있다.[60] 문제는 우리의 세계에서는 이 경쟁상대가 수십억 달러의 포르노 산업에 의해 압도당하는 경향이 있다는 것이다. 포르노 산업은 오늘날 적어도 미국에서는, 소년과 청소년들에게 친밀한 성적인 관계를 가지는 방법에 관한 가장 유력한 교사이다.[61]

이것이 제시하는 바에 의하면, 중요한 것은 어떤 메시지가 언론으로 분류되는가가 아니라 오히려 그것이 사람들의 생활에 미치는 영향이다.[62] 시적 정의가 완전히 전도된 세계에서는 그러한 메시지가 사람들의 생활에 미치는 영향이 충분히 해로운 것이므로, 그 결과로 강제적인 교정책을 정당화할 수 있게 된다. 극도로 노골적인 포르노가 성적 관계에 관하여 시적 정의의 완전한 전도를 묘사하는 우리의 세계에서도 유사하게 그러한 메시지가 사람들의 생활, 특히 여자들의 생활에 미치는 영향은 충분히 해로운 것으로 판단되고 그 결과로 강제적인 교정책을 정당화할 수 있어야 한다.

그러나 그 경우 극도로 노골적인 포르노에 대하여, 특히 서구 여러 나라에서는 왜 금지하는 조치를 취하지 않았는가? 물론 몇몇 곳에서는 그런 조치가 있었다: 캐나다의 대법원은 명백히 극도로 노골적인 포르노가 여자에게 해롭다는 근거에서 최근에 그것을 금지했다.[63] 그러나 서구의 대부분의 다른 나라들은 이 점에서 캐

---

60) 앞의 책.

61) Susan Dwyer, *The Problem of Pornography*(Belmont : Wadsworth Publishing Co., 1995), 2면.

62) 여기에 또 하나의 가능성이 있다. 미국 헌법 수정 제1항(언론·신문·종교의 자유를 보장한 조항)의 중심 목적은 공적 토의를 위해 필요한 언론을 보호하는 것이다. 극도로 노골적인 포르노의 "언론"은 미국 헌법 수정 제1항이 보호하려는 언론과는 멀리 떨어져 있다고 주장될 수 있다. 이 점에 대해 더 알려면, Cass Sunstein, "Feminism and Legal Theory", *Harvard Law Review* (1988), 826~844면을 보라.

나다의 모범을 따르지 않았다. 이렇게 행하지 못하는 데 대한 한 가지 설명은 성의 묘사가 극도로 노골적인 포르노—이것은 거의 틀림없이 여자에게 해롭다—를 성의 묘사가 덜 노골적인 포르노—이것은 거의 틀림없이 여자에게 해롭지 않다—의 형태로부터 구별하는 것이 어렵다는 것이다. 그러나 여기서 극도로 노골적인 포르노와 덜 노골적인 포르노 사이의 경계선은 고도로 정밀하게 그어져야 하는 것은 아니다. 그것은 만약 극도로 노골적인 포르노가 남자의 정신을 지배하지 못하도록 하기 위하여 성적으로 숨김이 없고 난폭하며, 성차별주의자의 성격이 짙은 극도로 노골적인 포르노 중 더욱 나쁜 사례를 기소하도록 법이 사용되기만 하면 충분하다.

극도로 노골적인 포르노가 더 많은 곳에서 금지되지 않는 이유에 대한 또 다른 설명은 극복하기가 더욱 어렵다. 그것은 훨씬 더 많은 사람들이 극도로 노골적인 포르노를 있는 그대로 보지 않는다는 점이다. 그들에게 있어 극도로 노골적인 포르노는 남자와 여자 사이의 받아들일만하거나 심지어 바람직한 성적 관계를 드러내는 것이며, 따라서 그들은 그것이 미치는 부작용에 대해서도 근본적으로 전혀 문제삼지 않는다.

게다가 일부의 여자들은 극도로 노골적인 포르노의 유해성을 과소평가할 수 있다. 그들은 극도로 노골적인 포르노의 표본을 추출하여 보고, 그것이 드러내는 여자의 복종적이고 품위가 떨어진 모습을 별 어려움 없이 단념하고 받아들인다. 그들은 극도로 노골적인 포르노에 대한 그들 자신의 반응으로부터 남자들도 별 어려

---

63) *Donald Victor Butler v. Her Majesty the Queen.*

140

움 없이 그렇게 하리라고 잘못 추론할 수 있다.[64]

여기서 만약 남자들이 극도로 노골적인 포르노에 대한 그들의 반응이 여자들의 반응과는 전형적으로 다른 방식임을 설명할 수 있다면, 그것은 도움이 될 수 있을 것이다. 그들은 극도로 노골적인 포르노가 자위행위의 쾌감과 결합될 때, 그것이 그들의 정신에 들어와 전혀 저항하기 어려운 방법으로 그들의 성감(性感)을 구성하는 방식을 설명해야 한다.[65] 이런 일은 극도로 노골적인 포르노로부터의 성적 이미지가 성적 쾌감을 대가로 재현되기를 바라면서 남자들의 현실생활의 만남에 밀어닥칠 때마다 일어난다. 남자들은 극도로 노골적인 포르노의 성적 이미지를 어찌했던 그들의 생활 속에 구체화하지 않고서는, 다시 말해 다소 유해한 결과를 가져오는 극도로 노골적인 포르노의 역할을 그들의 생활에서 만나게 되는 여자들에게 부과하지 않고서는 그들이 쉽게 오르가즘에 이르지 못하는 상황에 있음을 분명히 발견할 수 있다. 남자들이 극도로 노골적인 포르노가 그들의 여자들과의 관계에 미칠 수 있는 해로운 영향을 증명할 수 있는 것은 바로 이 점에서이다. 그리고 그렇게 하여 그것을 금지할 필요성을 증명하는 데 도움을 줄 수 있는 것이다.

매우 많은 상황에서, 여자들은 성차별주의자들의 관행이 미치는 해로운 영향을 폭로하고 반대하는 데 남자들보다 훨씬 유리한 위

---

64) 극도로 노골적인 포르노에 대한 이러한 종류의 여성주의자의 반응에 대해서는 1996년 8월 15일에서 18일 사이에 위스콘신주의 De Pere에서 개최된 제13회 국제 사회철학 회의에서 소개되고 그 회의의 회보(Proceedings)에 실린 Stephanie Bauer의 "Pornography, Language and Identity"를 보라.
65) John Stoltenberg, *Refusing to Be a Man: Essays on Sex and Justice* (Portland, Ore.: Breitenbush Books Inc. 1989), 제3부를 보라.

치에 있다. 일반적으로 그 어떠한 것도 공평하지 못한 관행에 대한 자신의 지각을 날카롭게 하거나 혹은 그러한 관행을 반대하기 위한 자신의 논증 기술을 발전시키는데, 실제로 그러한 관행으로부터 스스로 고통을 겪는 것보다 더 나은 것은 없다. 그것이 성차별주의자의 공평하지 못한 관행에 대한 여자들의 종속이 여자들이 사회에서 그러한 관행을 제거하려는 투쟁에서 명백한 지도자들이 되게 하는 이유이다. 그럼에도 불구하고 남자들이 여성 해방에 도움을 주기에 특히 좋은 입장에 있게 되는 많은 상황이 있다. 이것들 가운데 하나가 극도로 노골적인 포르노가 그들 자신의 생활이나 그들이 접촉하게 되는 여성들의 생활에 미치는 해로운 영향을 폭로하는 것이며, 이것은 그들이 행할 수 있는 역할이다.[66]

요컨대 전통윤리학은 공적/사적인 구별을 여자들의 입장을 적절하게 고려하는 방식으로 적용하지 못했다. 그 구별을 올바르게 적용하기 위하여 우리는 가족 생활이 대부분 공적 영역에 속한다는 것을 인정해야 하고, 그 다음 남자와 여자에게 평등한 기회를 보장하기 위하여 법률이 가족 생활을 통제하고 지배하는 방법을 상세히 기술해야 한다. 또한 극도로 노골적인 포르노에의 탐닉의 영향이 사적인 영역이 아니라 공적인 영역에 속한다는 것과 극도로 노골적인 포르노의 생산과 판매가 그것의 해로운 영향, 특히 여자들의 생활에 미치는 해로운 영향 때문에 법률적으로 금지되어야 한다는 것을 인정해야 한다.

---

66) 이러 저러한 상황에 대한 논의를 하려면, 나의 논문 "Is Feminism Good for Men and Are Men Good for Feminism?", in Tom Digby, *Men Doing Feminism*(New York: Routledge, 1998), 291~304면을 보라.

도덕적으로 선한 사람이라는 전통적인 이상적 목표의 실천적 부적합성

정의 이론의 실천적 부적합성과 공적/사적 구별의 실천적 부적합성에 덧붙여, 전통윤리학은 또한 도덕적으로 선한 사람이라는 그 이상적 목표를 상술할 때에도 여자의 이익을 올바르게 고려하지 못했다.

롤즈(John Rawls)에 의해 발전된 칸트 윤리학에서, 도덕적으로 선한 사람은 그의 행동이 상상의 무지의 베일을 쓴 사람에 의해 만장일치로 선택될 수 있는 원리에 따르는 사람이다.[67] 이 원리는 사회에서 기본적인 자유, 기회 및 경제적 재화의 올바른 분배와 이러한 사회적 재화와 관련하여 사람들이 가지는 어떤 권리와 의무를 상술하고 있다. 롤즈에 따르면, 도덕적으로 선한 사람에 대해 더 자세히 기술하는 것은 그 사람이 보증하는 선이라는 특수한 내포를 지닌 개념에 의존한다. 그러나 그가 생각하기에 모든 도덕적으로 선한 사람이 공통적으로 가지는 것은 그들이 그의 원초적 입장에서 선택된 원리를 지킬 것이라는 점이다.

공리주의 윤리학에서, 도덕적으로 선한 사람은 그의 행동이 그 행동에 의해 영향을 받는 모든 사람의 순수한 유용성이나 만족을 극대화하는 사람이다. 그러나 보통은 어떤 사람의 행동이 순수한 유용성을 극대화하기 위하여 그는 어떤 규칙이나 관행을 따를 필요가 있다.

우리의 행위의 각각에 관하여 무엇이 순수한 유용성을 극대화

---

67) *A Theory of Justice*, 437면.

할 것인가를 직접적으로 정하려 노력하는 것은 우리가 할 수 있는 것보다 훨씬 더 많은 반성을 요구할 뿐만 아니라 그것은 또한 뜻에 어긋날 수도 있을 것이다. 그래서 공리주의 윤리학에서, 도덕적으로 선한 사람은 일반적으로 그의[혹은 그녀의] 사회에서 유용성을 극대화하는 가장 좋은 규칙과 관행을 따르는 사람이다. 그는 다만 그 규칙과 관행이 충돌할 때 이용할 수 있는 선택지 중에서 유용성을 직접적으로 계산하려고 시도할 뿐이다.

아리스토텔레스 윤리학에서, 도덕적으로 선한 사람은 그의 행동이 대부분 인간으로서 그의[혹은 그녀의] 올바른 발전을 증진시키는 사람이다. 아리스토텔레스주의자들에게 있어서, 인간으로서 사람의 올바른 발전은 일련의 미덕에 따라 행동하는 것으로 더 자세히 기술된다. 이 미덕들 중에서 가장 중요한 것은 사려, 정의, 용기와 절제이다. 그리고 이 미덕들이 요구하는 것은 일반적으로 인간 사회의 도덕적으로 가장 좋은 관행에 의해 결정된다.

이제 한편으로 칸트 윤리학, 공리주의 윤리학과 아리스토텔레스 윤리학 모두가 도덕적으로 선한 사람이라는 그 이상적 목표를 다소 다르게 상술하고 있지만, 여성주의자의 입장에서 보면, 그것들 모두에 일반적인 문제는 그것들이 그 이상적 목표를 너무 추상적으로 상술하고 있어서 우리의 사회에서 남자와 여자가 사회화되는 성 차이에 따른 특유의 역할을 우리가 따라야 하는가의 문제를 취급하지 못하고 있다는 점이다. 그러므로 우리가 우리의 사회에서의 고정관념에 따라 남자와 여자에 대해 생각할 때, 우리는 다음과 같이 바람직한 특성과 바람직하지 않은 특성의 다른 목록을 제안하게 된다.

144

남자	여자
독립적인	*의존적인*
경쟁적인	협동적인
공격적인, 독단적인	배려하는, 보살피는
감정에 움직이지 않는, 금욕적인, 초연한	감정에 움직이기 쉬운
능동적인, 폭력적인	수동적인, 비폭력적인
외모에 관심을 갖지 않는	*외모에 관심을 갖는, (허영적인)*
지배적인	복종하는, 자기를 내세우지 않는
과단성이 있는	*우유부단한*
주체로서 보이는	대상으로 보이는 (아름다움의 혹은 성적 매력의)
적당히 얼버무린	깔끔한 성미의
성적으로 능동적인	*단정치 못한 혹은 수녀 같은*
이성적인, 합리적인, 논리적인	직관적인, *비논리적인*
스스로 보호하는	보호가 필요한
감수성이 둔한	감수성이 예민한

　만약 우리가 사자체(斜字體)로 된 특성이 명백히 바람직하지 않은 것이라고 가정하면, 그 경우에 우리의 사회에서 고정관념에 따라 남자와 여자에게 전혀 다른 특성을 부여할 뿐만 아니라, 또한 남자의 목록보다는 여자의 목록에 바람직하지 않은 특성을 더 많이 가지고 있다.

　우리는 이러한 목록에 대해 어떻게 생각해야 하는가? 확실히 그것들은 성 차이를 드러내는 역할과 소년과 소녀, 남자와 여자가 사회 안에서 사회화되는 특성을 반영하고 있다. 과거에 고정관념에 따라 남자에게 부여한 성 차이를 드러내는 바람직한 특성들은 정신적 건강을 특징짓는 것으로 생각되었다.[68] 더욱 최근에는, 이같은 특성들이 성공적인 회사의 간부를 기술하기 위하여 사용되어 왔다.[69] 성 차이를 드러내는 특유의 역할과 특성이 여자보다 남자를 선호하기 위하여 이러한 방식으로 사용되어 온 것이다. 그럼에도 불구하고, 도덕적으로 선한 사람이라는 그 이상적 목표에 대해 비교적 추상적으로 상술하고 있는 전통윤리학은 우리가 성 차이를 드러내는 그 특유의 역할을 따라야 하는가 그렇지 않은가의 문제를 처리하지 못했다. 그 때문에 전통윤리학은 무관심으로 바로 그 성 차이를 드러내는 역할과 특성을 암묵적으로 보증하고 있다. 이것이 여자에 대해 편견에 사로잡힌 방식으로 도덕적으로 선한 사람이라는 전통적인 이상적 목표를 실천적으로 부적합하게 만들었다.

전통윤리학이 사회에서 성 차이를 드러내는 역할의 문제를 취급할 수단이 없는 것은 아니다. 만약 우리가 여자의 이익을 적절하게 고려하기를 원한다면, 우리가 사회에서 성 차이를 드러내는 특유의 역할과 특성을 유지해야 하는가의 문제에 대한 적절한 해답은 분명하다. 그것은 우리가 이러한 성 차이를 드러내는 특유의

68) Beverly Walker, "Psychology and Feminism—If You Can't Beat Them, Join Them", in *Men's Studies Modified*, ed. Dale Spender(Oxford: Pergamon Press, 1981), 112~114면.

69) Debra Renee Kaufman, "Professional Women: How Real Are the Recent Gains?", in *Feminist Philosophies*, 2nd ed., ed. Janet A. Kourany, James P. Sterba and Rosemarie Tong(Upper Saddle River: Prentice-Hall, 1999), 189~202면.

역할과 특성을, 사회에서 분배될 수 있는 참으로 바람직한 모든 특성을 남자와 여자 양자에게 평등하게 개방하는 이상적 목표로 대치하는 것이 필요하다는 것이다. 보다 정확하게 말하면, 우리는 다른 조건이 같다면 사회에서 참으로 바람직하고 분배될 수 있는 특성이 남자와 여자 양자에게 평등하게 개방되어야 하고, 혹은 미덕의 경우에는 남자와 여자 양자에게 평등하게 기대될 수 있어야 한다는 것을 요구할 필요가 있다.

미덕이 되는 성격의 특성을 단지 바람직한 특성과 구별하기 위하여 미덕의 부류를 남자와 여자 양자에게서 합리적으로 기대될 수 있는 저 바람직하고 분배될 수 있는 특성으로 정의해 보자. 일반적으로 인정하듯이 이것은 "미덕"이라는 용어의 제한적인 사용이다. 보통의 용법으로, "미덕"은 "바람직한 특성"과 거의 같은 뜻이다.[70] 그러나 남자와 여자 양자에게 정당하게 주입될 수 있는 그 바람직한 특성에 초점을 둘만한 좋은 이유가 있다. 그러므로 우리의 목적을 위하여 이러한 부류의 바람직한 특성을 미덕이라고 부르기로 하자.

이렇게 특징짓게 되면, 이 이상적 목표는 소위 여자의 미덕과 특성에 대한 혐오를 의미하지 않고, 소위 남자의 미덕과 특성에 대한 찬양을 의미하지도 않는다.[71] 이것은 그 이상적 목표가 여성해방을 단순히 여자가 전통적 역할의 한계로부터 벗어나는 것으

---

70) 이 점에 관해서는 Edmund Pincoffs, *Quandaries and Virtue*(Lawrence : University of Kansas Press, 1986), 제5장을 보라.

71) 이 두 입장에 대해 매우 유익한 논의와 비판을 위해서는 Iris Young, "Humanism, Gynocentrism and Feminist Politics", *Women's Studies International Forum* 8(1985), 173~183면을 보라.

로 보지 않기 때문이다. 여성 해방은 지금까지 남자에게 유보되었
던 길로 여자들이 발전하는 것을 가능하게 하는 것이다. 또한 그
이상적 목표는 여성 해방을 가사를 돌보거나 어머니로서 보살피
는 것과 같은 소위 여자의 활동이나 보살핌의 윤리에 반영된 여자
의 사고방식을 단순히 재평가하고 미화하는 것으로 보지 않는다.
전자의 입장은 전통적으로 여자에게 부여된 참된 미덕과 바람직
한 특성을 무시하거나 그 가치를 깎아내린다. 그런데 한편 후자의
입장은 전통적으로 남자에게 부여된 참된 미덕과 바람직한 특성
을 무시하거나 그 가치를 깎아내린다. 대조적으로 이 이상적 목표
는 전통적으로 여자에게 부여된 미덕과 바람직한 특성을 전통적
으로 남자에게 부여된 미덕과 바람직한 특성과 결합시킨 남자와
여자 양자에게 보다 폭넓게 기초를 둔 이상적 목표를 추구한다.
이런 이유로 우리는 그것을 남녀동체(androgyny)의 이상적 목표,
즉 남자(andro-)와 여자(-gyne) 양자에게 공통적인 이상적 목표라
고 부른다.

  이 남녀동체의 이상적 목표는 도덕적으로 선한 사람이라는 이
상적 목표—그 이상적 목표가 칸트 윤리학의 것이든, 공리주의
윤리학의 것이든, 혹은 아리스토텔레스 윤리학의 것이든—를 실
천적으로 상술한 것의 일부이어야 한다. 그것은 상상의 무지의 베
일을 쓴 사람, 그 행위가 그것에 의해 영향을 받을 모든 사람의
순수한 유용성이나 만족을 극대화하는 사람, 그리고 인간으로서
자기 고유의 발전을 추구하는 사람 모두가 보증할 것으로 인정되
어야 한다. 따라서 전통윤리학이 남녀동체의 그 이상적 목표를 도
덕적으로 선한 사람이라는 이상적 목표를 실천적으로 상술한 것
안에 포함할 때만 전통윤리학은 여자에 대한 편견에 사로잡히지

않는 방식으로 실천적으로 적합하게 될 수 있을 것이다.

남녀동체의 이상적 목표는—만약 전통윤리학이 실천적으로 적합할 수 있으려면, 도덕적으로 선한 사람이라는 이상적 목표를 실천적으로 상술한 것 안에 포함되어야 한다—그 자체가 평등한 기회라는 이상적 목표를 상술한 것이라는 것을 아는 것이 또한 중요하다. 그것은 실천적으로 적합한 정의의 개념에 의해서, 그리고 실천적으로 적합한 공적/사적 구별의 적용에 의해서 요구되듯이 우리가 일찍이 평등한 기회라는 이상적 목표를 가족 구조에 적용했을 때, 그것이 성 역할의 차이가 드러나는 가족의 가능성을 배제하는 이유이다. 그것은 또한 부모의 유급휴가와 무급휴가의 효과적인 혼합, 적절한 주간 탁아, 공정한 이혼법, 극도로 노골적인 포르노를 금지하는 법, 가사를 돌보거나 자녀양육을 평등하게 공유하기, 평등하거나 혹은 비교가능한 일에 대한 평등한 보수, 어린이를 겨냥한 성 역할의 차이에 기초한 광고를 금지하는 것과 같은 가정 생활 안팎에서 남자와 여자 사이에 평등한 기회를 창출하는 데 도움이 되는 것에 관해 우리가 논의해 온 여러 가지 방식이 또한 남녀동체의 이상적 목표를 실현하는 데 도움이 되는 방식인 이유이다. 최근에 길리건(Carol Gilligan)의 작품은 전통윤리학이 여성에 대해 편견에 사로잡혀 있다는 도전의 원인으로 주목받고 있다. 이 장에서 나는 전통윤리학의 편견이 정의 이론, 공적/사적인 구별, 그리고 도덕적으로 선한 사람이라는 이상적 목표의 실천적 부적합성에 의해 증명된다고 주장해 왔다. 나는 더욱이 전통윤리학이 성 역할의 차이가 드러나는 가족 구조를 배제하고 남녀동체의 이상적 목표를 충족시키기 위하여 정의 이론, 공적/사적 구별, 그리고 도덕적으로 선한 사람이라는 이상적 목표를 적용함으로써 이러한 편견을 극복할 수 있다고 주장해 왔다. 전통윤리학이 여성주의의 도전을 충족시키고, 여성의 입장을 적절히 고려하려면 이것이 요구된다고 하겠다.

제4장 문화 다원주의

전통윤리학에서 서구 중심의 편견과
그것을 교정하는 방법

전통윤리학이, 특히 무엇을 가르쳐야 하는가라는 정전(正典)에 관하여 서구 이외의 문화를 충분히 고려하지 못하였기 때문에, 문화 다원주의자들은 전통윤리학이 서구문화 중심의 편견에 사로잡혀있다고 도전하고 있다. 전통윤리학에 대한 문화 다원주의의 이러한 도전에 있어서 최근의 관심은 1980년대 후반과 1990년대 초반에 미국에서 국가적 논쟁을 불러일으킨 교육 정전에 대한 보다 일반적인 문화 다원주의의 도전으로 거슬러 올라간다.[1]

이러한 국가적 논쟁은 스탠포드 대학교의 서구 문명 과정의 개정에 초점을 두었다. 이 과정은 선택교과로 8단계 판의 과정을 안내하는 것인데, 그 과정에는 유럽 정전의 필수 요소가 남아 있음과 동시에 스페인계 미국인, 아메리칸 인디언, 아프리카계 미국인 작가들의 작품도 함께 읽혀졌다.[2] 그러나 이 작은 변화조차도 호

---

1) 캐나다, 오스트레일리아와 영국에서의 문화 다원주의적 교육의 초기 비평에 관해서는 S. Modgil et al., eds., *Multicultural Education: The Interminable Debate*(London: Falmer Press, 1986)를 보라.

2) John Searle, "The Storm over the University", *New York Review of Books*, December 6, 1990.

되게 공격을 받았다. 예를 들면, 그 때 교육장관이었던 베넷
(William Bennett)은 그 변화를 비판하기 위하여 스탠포드 대학교
를 방문했다.[3] 윌(George Will)은 그의 전국적인 칼럼에서 스탠포
드 대학교의 교과과정은 "다음 사실을 긍정해야 한다. 미국은 주
로 서구 전통의 산물이며, 미국이 특히 훌륭한 것은 그 전통이 훌
륭하기 때문이다"[4]라고 썼다. 버클리(William F. Buckley) 2세는
"호머에서부터 19세기까지 유럽 밖에서는 어떤 위대한 작품도 나
타난 적이 없다"[5]고 자기 입장을 표명했다. 벨로우(Saul Bellow)는
버클리의 의견에 동의하면서, "줄루 사람(the Zulus)들이 톨스토이
와 같은 작품을 가질 때 우리는 그 작품을 읽을 것이다"[6]라고 논
평했다. 전 미국 대학 재학생의 30% 이상이 백인이 아니듯이, 스
탠포드 대학교, 버클리 대학교, 로스앤젤레스 소재 캘리포니아 대
학교의 대학 재학생의 50% 이상이 백인이 아니라는 것을 우리가
알게 될 때, 교육의 정전을 서구 이외의 것에로 개방하는 데 대한
그러한 반대는 특히 충격적이다.[7] 만약 현재의 추세가 계속된다

---

3) Dinesh D'Souza, *Illiberal Education*(New York, Vintage Books, 1991),
   68~69면.
4) Mary Louise Pratt, "Humanities for the Future: Reflections on the
   Western Culture Debate at Stanford", in *The Politics of Liberal
   Education*, ed. Darryl Gless and Barbara Hernstein Smith(Durham:
   Duke University Press, 1992), 25면.
5) 같은 책.
6) 같은 책, 15면.
7) Richard A. Lanham, "The Extraordinary Convergence: Democracy,
   Technology, Theory and the University Curriculum", in *The Politics of
   Liberal Education*, 35면. 또한 John Searle, "The Storm over the
   University" and *U. S. Statistical Abstracts for 1996*, 181면을 보라.

면 2040년 경에는 미국 인구의 거의 대부분이 소수 민족 출
신이 될 것이라는 것을 우리가 반성할 때 그것은 훨씬 더 충
격적이다.[8]

이제 전통윤리학에 대한 문화 다원주의의 도전은 교육의 정전
에 대한 이러한 보다 일반적인 문화 다원주의의 도전과 유사하다.
그 핵심 주장은 만약 서구 도덕의 이상적 목표가 방어될 수 있으
려면, 그것은 서구 이외의 것을 포함하여 다른 도덕의 이상적 목
표와의 비교 평가에서 살아 남을 수 있어야 한다는 점이다.[9] 그러
므로 그것은 서구 이외의 도덕의 이상적 목표를 가르쳐야 할 정전
속에 적절히 표현하지 않을 수 없다고 주장한다.

그러나 우리 도덕의 이상적 목표의 정당화는 비교에 의하는 것
이 아니라, 오히려 각각의 (그리고 모든) 인간에게 요구되는 합리
성에 근거를 두는 것이라는 이의가 제기될 수 있겠다. 만약에 제1
장에서 제안된 논증이 성공적이라면, 즉 만약에 선결문제 요구의
오류에 휘말려 들지 않는 것으로 이해된 합리성이 우리에게 이기
주의와 순수 이타주의 양자보다 도덕을 보증하도록 요구한다면,
어느 정도까지는 이것이 참일 수 있다. 불행하게도, 현대의 대부분

---

8) John Garcia, "A Multicultural America : Living in a Sea of Diversity", in
Dean Harris, *Multiculturalism from the Margins*(Westport, Conn.:
Bergin and Garvey, 1995), 29~38면을 보라.
9) 지금 전통윤리학에 대한 문화 다원주의의 도전을 설명하는 다른 방식이 있다.
나는 그것을 서구 이외의 문화에서 나온 도전으로 설명해 왔다. 사람들은 또
한 그것을 예를 들어 여성주의자의 문화, 남녀 동성연애자의 문화, 혹은 계급
문화로부터 나온 도전으로 설명할 수도 있다. 나의 선택은 그것들이 자주 강
조되어 왔기에 서로 다른 도전들을 별개로 취급하는 것이다. 그리고 나는 서
구 이외의 도전에도 응분의 주목을 하고 싶다.

의 도덕 철학자들은 이러한 종류의 논증이 성공할 수 있다고 생각
하지 않으며, 그러므로 그들은 그들이 보증하는 도덕의 이상적 목
표에 대해 비교에 의한 정당화—서구 이외의 도덕의 이상적 목표
에 대해 비교평가를 포함하는 것—를 제공할 필요를 피하는 이러
한 방식을 이용할 수가 없다. 더구나 도덕이 합리적으로 요구된다
는 것을 설명하려는 제1장에서의 특별한 시도가 성공적이라 하더
라도 그것은 여전히 도덕의 이상적 목표에 대한 비교 평가의 필요
성을 무시하지 않을 것이다. 이것은 비록 그 논증이 성공한다 하
더라도, 다만 도덕이 이기주의나 순수 이타주의보다 합리적으로
선호된다는 것을 설명하는 데 성공할 뿐이기 때문이다. 그것은 어
떤 특별한 형식의 도덕이 선호된다는 것을 명백히 확립하지는 못
한다. 그렇게 하기 위하여 우리는 기존의 것과 다른 도덕의 이상
적 목표들을 비교 평가할 필요가 있다. 그리고 편견을 피하기 위
하여 그 평가는 서구 이외의 도덕의 이상적 목표들을 고려해야 한
다.

공교롭게도, 전통윤리학은 대체로 이런 종류의 비교 평가의 필
요성을 단순히 무시해 왔다. 그것은 제1장에서 논의된 아리스토텔
레스주의의 입장, 공리주의의 입장, 칸트주의의 입장과 같은 서구
도덕의 이상적 목표에 제한된 비교 평가를 제공하는 데 만족해 왔
다. 이러한 면에서, 전통윤리학은 서구 이외의 도덕의 이상적 목표
에 대해 편견에 사로잡혀 있는 모습을 드러내고 있다. 그리고 그
때문에 그 자신의 도덕의 이상적 목표에 대해 적절하게 정당성을
부여하지 못하고 있다.

여기에서 어떤 종류의 비교 평가가 실제로 요구되는지 반성하
는 것이 중요하다. 우리가 찾고 있는 윤리학은 그 요구사항을 지

키도록 그것이 적용되는 모든 사람들에게 이해하기 쉬운 충분한 이유를 제공할 수 있어야 한다. 그러므로 그것은 그 기본적인 요구사항을 강제하기 위하여 권력의 사용을 정당화할 수 있는 윤리학이어야 한다. 그렇게 하기 위하여, 그 윤리학은 그 요구사항을 지키지 못한 사람들을 도덕적으로 정당하게 비난할 수 있어야 한다. 만약에 그것이 사실이 아니라면, 사람들은 그들이 도덕적 합법성을 결여했다는 이유에서 그러한 권력의 사용에 대해 정당하게 반대할 수 있을 것이다.[10] 만약 사람들이 어떤 일을 하도록 요구된다는 것을 알 수 없고 따라서 정당하게 믿을 수 없으면, 그들은 그렇게 하도록 도덕적으로 요구될 수 없다.

그러므로 만약 어떤 윤리학이 그 기본적인 요구사항을 강제하기 위하여 권력의 사용을 정당화할 수 있으려면, 그 요구사항을 지키도록 그것이 적용되는 모든 사람들이 이해하기 쉬운 충분한 이유가 있어야 한다. 따라서 우리가 찾고 있는 윤리학은 그 성격상 종교적이라기보다는 오히려 세속적이어야 한다. 왜냐하면 오직 세속적인 이유만이 모든 사람들이 이해하기 쉬운 것이기 때문이다; 종교적인 이유는 주로 그것을 지지하는 특별한 종교 단체의 구성원들만이 이해할 수 있는 것이며, 그리고 그러한 것으로서는 도덕의 기본적인 요구사항을 강제하기 위하여 권력의 사용을 정당화할 근거를 제공할 수 없게 된다.

이제 적어도 일부의 종교적 이유들은 그것들을 접한 모든 사람

---

10) 다수파의 의사는 그것이 도덕적으로 합법적일 수 있으려면, 권력 이상의 것으로 뒷받침되어야 한다. 소수파는 다수파의 부과를 받아들일 도덕적 의무를 가져야 한다. 그러나 그것은 소수파가 그 부과를 받아들이지 못한데 대해 도덕적으로 비난받을만할 때만 사실일 수 있다.

이 실질적으로 이해할 수가 있다는 이의가 제기될 수 있겠다. 물론, 오늘날 많은 사람들이 네 가지 가장 두드러진 종교, 즉 기독교, 이슬람교, 불교와 힌두교의 가르침을 접해 본 적이 없다. 그리고 그것들을 접해 본 사람들조차도 단순한 접촉 그 자체만으로는 그러한 가르침을 지키지 못한 사람들에 대해 권력의 사용을 정당화할 정도의 이해를 한 것으로 확언할 수 없다. 그것이 사실이기 위해서는 단순한 접촉만으로 그러한 가르침 자체를 거절하는 것이 불합리하다고 필연적으로 생각될 수 있어야 한다. 기독교 도덕의 가르침에서, 이것이 뜻하는 바는 이 가르침을 기독교 구원사의 일부로서 거절하는 것이 불합리하리라는 것이다. 그 구원사는 핵심 사건으로서 성육신, 속죄의 죽음과 부활을 가지고 있다.

　물론, 이것은 일부의 종교적 가르침이 그들의 종교적 기원으로부터 독립적인 정당화(예를 들면 선한 사마리아인의 이야기[11]) ─ 이 가르침에 접한 모든 사람들이 실제적으로 그것을 거절하는 것이 불합리하다고 이해할 것이라는 이유에서 이것에 접한 모든 사람이 실제적으로 받아들일 수 있기 때문에 정당시되는 정당화 ─ 가 주어질 수 있다는 것을 부인하려는 것이 아니다. 그러나 우리가 고려하고 있는 반대는 이런 방식으로 종교적인 도덕의 가르침을 정당화할 가능성을 제기하지 않는다. 오히려 그것이 주장하는 바에 의하면, 실제적으로 종교적인 도덕의 가르침을 접한 사람이 그것을 거절하는 것이 불합리하리라는 결과가 뒤따르므로 그 가르침은 그 자체로 그것을 접한 모든 사람들이 실제적으로 쉽게 이해할 수 있기 때문에 정당화된다.

---

11) 누가복음 10장 25~37절.

그러나 이것이 사실인가? 예를 들어, 확실히 많은 기독교 도덕의 가르침은 기독교인이나 비기독교인 양자가 똑같이 이해하기 쉽다. 그러나 우리가 사용해 온 '이해하기 쉬운'이라는 말의 의미는 이 이상의 것을 함축한다. 그것은 사람들이 이해하기 쉬운 요구사항을 지키지 못한 데 대해 도덕적으로 비난받을 수 있다는 것을 함축한다. 왜냐하면 이 요구사항이 그들에게 적용되고, 그들이 그것을 지키지 못하는 것이 불합리하다는 것을 이해하기 때문이다. 다른 점에서 도덕적으로 보이는 너무나 많은 비기독교인들이 비록 기독교 도덕의 가르침 중 일부가 독립적인 정당화를 가진다는 점을 시인하더라도 그 가르침이 지니는 권위를 그 자체로 인정하지 않는다.

따라서 우리는 성격상 세속적 윤리학을 찾고 있으며, 그러므로 그 요구사항을 지키도록 하기 위해 그것이 적용되는 모든 사람들이 이해하기 쉬운 충분한 이유를 제공할 수 있는 윤리학을 찾고 있다. 그것은 그 기본적인 요구사항을 강제하기 위하여 권력의 사용을 정당화할 수 있는 윤리학이어야 한다. 이 윤리학을 상세히 기술하는 것은 서구 도덕의 이상적 목표와 서구 이외의 도덕의 이상적 목표 양자에 대한 광범위한 비교 평가를 요구하게 된다. 그것이 전통윤리학이 서구 이외의 도덕의 이상적 목표를 고려하지 못한 중요한 이유이다. 그것이 우리 시대에 방어할 수 있는 윤리학을 제공할 수 있는 가능성을 잘라 버린 것이다. 따라서 우리는 전통윤리학의 이런 잘못을 교정하기 위하여 우리가 할 수 있는 것을 해야 한다.

서구 이외의 문화가 우리 시대에 방어할 수 있는 윤리학을 형성하는데 도움이 될 수 있는 여러 가지 방법이 있다. 이 장에서, 나는 이 방법 중에서 세 가지를 고려하고자 한다. 첫째로, 서구 이외의 도덕의 이상적 목표가 우리의 서구 도덕의 이상적 목표를 의미 있게 교정하고 해석하도록 도울 수 있다. 둘째로, 서구 이외의 문화는 우리가 이전에 인정하지 않았거나 혹은 충분히 인정하지 않았던 우리의 도덕의 이상적 목표로부터 나오는 중요한 의무를 우리가 인정하도록 도울 수 있다. 셋째로, 서구 이외의 문화는 우리 자신의 도덕의 이상적 목표를, 특히 상이한 문화 사이에, 가장 잘 적용하는 방법을 우리가 알도록 도울 수 있다.[12]

전통윤리학을 교정하고 해석하기

아메리칸 인디언 문화를 이용하기

전통윤리학은 아리스토텔레스주의자의 견해, 공리주의자의 견해와 칸트주의자의 견해 사이의 논쟁에 초점을 맞추어 왔다. 제1장에서 나는 이 논쟁에서 공리주의자의 견해나 아리스토텔레스주의자의 견해보다 칸트주의자의 견해를 선호하는 충분한 이유가 있다고 주장했다. 그러나 이 논쟁이 제아무리 해결되었다 하더라도 여전히 전통윤리학이 대단한 노력을 기울인 것으로 볼 수는 없을

---

12) 나는 전통윤리학이 서구 문화 중심의 편견에 사로잡혀 있으며, 그 편견을 피하기 위하여 우리가 서구 도덕의 이상적 목표와 서구 이외의 도덕의 이상적 목표를 비교 평가해야 한다고 주장하고 있다. 그 평가는 차례로 우리가 그 이상적 목표를 해석하고 적용하는 데 필요한 적절한 역사적 사실과 문화적 사실의 고려를 요구할 것이다.

것 같다. 왜냐하면 전통윤리학이 적어도 서구 이외의 도덕적 입장을 지녔던 사람들 중에서 누가 중시되어야 하는가의 문제에 적절히 직면한 적이 없기 때문이다.[13] 전통윤리학에서는 오직 인간만이 인격이라는 도덕적 지위를 지니고 있다고 가정된다. 대조적으로 아메리칸 인디언 부족 중 모두가 그런 것은 아니지만 많은 부족이 동물, 식물 및 다른 특별히 선정된 자연물이 상호 존중을 요구하는 복잡한 사회적 교제를 할 수 있는 인격이라는 도덕적 지위를 지니고 있다고 생각한다.[14] 요구되는 존중의 형태는 수 족(a Sioux)의 연장자가 그의 아들에게 숲 속의 네발 달린 짐승을 사냥하도록 조언하는 방법에 관한 다음과 같은 이야기에서 설명되고 있다:

> 너의 네발 달린 형제의 뒤쪽에 (창을) 던져라, 그가 쓰러지게 하되 그가 죽지 않도록. 그 다음에, 그 네발 달린 형제의 머리를 네 두 손으로 잡고, 그의 눈을 들여다보아라. 그 눈은 모든 고통이 있는 곳이란다. 네 형제의 눈을 들여다보고 그의 고통을 느껴라. 그 다음에, 칼을 잡고 그 네발 달린 형제의 턱 아래, 여기 그의 목을 잘라라, 그가 빨리 죽을 수 있도록. 그리고 네가 그

---

13) 제1장에서 나는 칸트주의자의 입장을 시인하는 사람들이 보통 인간 이외 존재자의 이익을 고려할 수 있는 방식으로 그 입장을 정식화하지 않는다는 점에 주목했다.

14) Annie Boothe and Harvey Jacobs, "Ties That Bind: Native American Beliefs as a Foundation for Environmental Consciousness", *Environmental Ethics 12*(1990), 27~43면; Baird Callicott, *Earth's Insights*(Berkeley: University of California Pres, 1994), 119~130면; Donald Hughes, "Forest Indians: the Holy Occupation", *Environmenal Review 2*(1977), 1~13면을 보라.

렇게 할 때 네발 달린 짐승인 네 형제에게 네가 한 행동에 대해 용서를 구하여라. 네가 먹을 음식과 입을 옷이 필요할 때에, 바로 지금 그의 몸을 네게 제공해준 데 대해 너의 네발 달린 친족에게 또한 감사의 기도를 드려라. 그리고 네가 죽어 대지로 되돌아가면 자매인 꽃을 위하여, 형제인 사슴을 위하여 대지의 자양분이 되겠다고 네발 달린 형제에게 약속해라. 네발 달린 형제를 위해 이런 축복을 하고, 때가 오면 네발 달린 형제가 너의 생존을 위해 네게 생명을 주듯이 이런 방식으로 차례로 네 몸으로 보답하는 것이 적절하니라.[15]

샤이엔 족(a Cheyenne)인 레그(Wooden Leg)도 비슷한 이야기를 제공한다:

늙은 인디언의 가르침에 의하면 대지에서 자랄 수 있는 그 어떤 것도 그 대지에서 뜯어내는 것은 잘못이다. 그것을 자를 수는 있지만 뿌리째 뽑아서는 안 된다. 나무와 풀도 혼을 가지고 있다. 그러한 성장물 중 하나가 어떤 착한 인디언에 의해 파괴될 때마다, 그의 행동은 불가피하기 때문에 행해지며, 그것도 슬퍼하면서 그리고 용서를 구하는 기도를 하면서 행해진다.[16]

게다가, 인간 이외의 자연에 대한 아메리칸 인디언의 이러한 존중은 그 정체성을 다른 생물들과 같이 이해하는 데 기초를 두고 있다. 수 족의 족장인 베어(Luther Standing Bear)에 따르면,

---

15) Warren, "The Power and Promise of Ecological Feminism", in James P. Sterba, ed. *Earth Ethics*, 2nd ed. (Upper Saddle River: Prentice-Hall, 2000)에서 인용.
16) Edward Curtis, *Native American Wisdom*(Philadelphia: Temple University Press, 1993), 87면.

우리는 흙이며, 흙은 우리다. 우리는 이 흙에서 우리와 함께 자라는 새와 짐
승을 사랑한다. 그들은 우리가 마시는 것과 같은 물을 마시고 같은 공기로
숨을 쉰다. 우리는 자연 속에서 모두 하나이다. 이렇게 믿으면, 우리의 마음
에는 위대한 평화와 성장하는 모든 생명체들에 대한 넘쳐나는 애정이 자리
하고 있다.[17]

발라데즈(Jorge Valadez)는 또한 중앙 아메리카의 마야 족(the
Mayans)에게 있어서 자연은 인간의 목적을 위해 정복되고 지배되
는 것이 아니라고 지적했다.[18] 마야 족은 그들 자신을 자연에 대적
하는 존재가 아니라 오히려 자연의 구성요소의 일부라고 보았다.
이와 비슷하게, 모스호슈 2세(Moshoeshoe II)는 아프리카 토착 문
화에는 자연환경에 대한 깊은 존중심이 스며 있다고 주장한다.[19]
거의 틀림없이, 서구 이외의 문화에서 사는 사람들이 서구 문화에
서 사는 우리가 현재 취하고 있는 것보다 더 위대한 조화로, 그들
의 자연환경에서 살 수 있게 한 것은 인간 이외의 자연에 대한 이
러한 존중심이다.[20]

---

17) Luther Standing Bear, *Land of the Spotted Eagle*(Boston: Houghton
    Mifflin, 1933), 45면.
18) Jorge Valadez, "Pre-Columbian Philosophical Perspectives", in *Ethics:
    Classical Western Texts in Feminist and Multicultural Perspectives*, ed.
    James P. Sterba(New York: Oxford University Press, 2000), 106~108면.
19) Moshoeshoe II, "Harmony with Nature and Indigenous African
    Culture", in Sterba, *Ethics*, 527~533면.
20) 물론, 때로는 아메리칸 인디언들도 이례적으로 그들의 자연환경에 대해 파
    괴적이기도 하며, 또한 한편으로 그들을 둘러싼 야생생물에 대한 존경심을 가
    지고 있지만, 그들이 언제나 그것을 보존하지도 않았고, 혹은 심지어 그 보존
    이 필요한 것으로 보지도 않았다는 증거가 있다. 그러나 이것들 중 어느 것도

162

　그렇다면, 서구 문화에서 사는 우리가 이러한 서구 이외의 문화
로부터 배울 수 있는 것이 있는가? 적어도, 이들 문화에 대한 이
해를 통해, 우리는 인간 이외의 자연을 위하여 우리 자신의 이익
을 포기하지 못한 합법적인 이유를 가지는가를 고려하게 된다. 서
구 문화에서, 사람들은 자신들이 인간 이외의 자연으로부터 근본
적으로 분리되어 있으며, 그리고 인간 이외의 자연보다 우월한 것
으로 생각하여 자연에 대한 지배를 고려하는 경향이 있다. 이 입
장을 정당화하기 위하여 서구 문화에 속한 사람들은 종종 하나님
이 인간에게 다음과 같이 말하는 창세기의 창조 이야기에 호소하
고 있다.

　　생육하고 번성하라. 그리고 대지를 채우고, 대지를 정복하라. 바다의 물고기,
　　공중의 새, 가축과 대지를 기어다니는 모든 동물에 대한 지배권을 가져라.
　　(창세기 1:28)

　이전에 우리가 특별히 언급했던 것처럼, 이 명령에 대한 한 가
지 해석은 인간이 인간 이외의 자연을 지배하도록—즉, 동물과
식물의 이익에는 전혀 독립적인 비중을 두지 않고, 우리가 바라는
어떤 목적을 위해서 동물과 식물을 이용하도록—요구되거나 혹은
허용된다는 것이다. 그러나 또 하나의 해석은 지배권(dominion)을
지배(domination)로서가 아니라, 인간 이외의 자연을 보살피는 책
무(stewardship)로 이해한다. 이 책무는 우리 자신의 목적을 추구

　우리가 아메리칸 인디언 문화에서 보다 긍정적인 교훈을 이용하는 것을 막지
는 못한다. Shepard Krech Ⅲ, *The Ecological Indian*(New York: Norton,
1999)을 보라.

하여 우리가 짐승과 식물을 이용할 수 있는 방식에 한계를 부과하며, 따라서 다른 생물이 번창할 수 있게 한다.

명백히 이 두 번째 해석은 아메리칸 인디언 문화와 서구 이외의 다른 문화에서 발견되는 입장과 더 잘 조화된다. 그러나 서구 문화에 의해 가장 널리 받아들여진 것은 첫번째 해석이다. 창세기 이야기의 해석에 이러한 충돌이 있게 되면, 어떤 사람이 인간 이외의 자연을 취급하는 방법을 정할 때 성경에 호소할 수 없게 되는 것이 분명하다. 따라서 우리의 자연에 대한 지배를 정당화하기 위하여, 우리가 인간 이외의 자연보다 우월하다고 생각할 이유를 오로지 이성에 의해 제공할 수 있는가를 살필 필요가 있다. 제2장에서 나는 이 질문을 제기하고, 오로지 이성에 의해 우리의 자연에 대한 지배를 정당화하기 위하여 우리가 인간 이외의 자연보다 우월하다고 생각할 어떤 근거도 없다고 주장하였다. 만약 이 논증이 옳다면, 서구 문화에 속해 있는 우리는 아메리칸 인디언 문화와 서구 이외의 다른 문화로부터 중요한 교훈을 배울 수 있다. 그 교훈은 인간 이외의 종들의 본래적 가치가 우리가 우리 자신의 이익을 추구하는 방법에 상당한 제한을 가한다는 것이다. 즉 우리가 인간 이외의 자연에 대한 지배를 배제하도록 우리 인간의 기본적 권리를 재해석하도록 요구하게 된다는 것이다.

공자를 이용하기

전통윤리학의 중심 문제는 한편으로 그들이 속한 단체가 이익을 추구할 때 그들 자신과 다른 사람들에게 상당한 해를 끼치지 않도록 사람들로 하여금 그 단체에 대하여 비판적으로 생각하게 하면서, 동시에 그들이 그 단체의 선을 위해 더욱 즐겨 행동할 수 있도록 가정, 지역사회, 국가와 같은 특별한 단체와 함께 행동하도록 하는 방법이다. 이러한 과제를 성취하기 위하여 우리는 중국 철학자 공자(孔子)의 저서를 참고하는 것이 좋다.

공부자(孔夫子)는 플라톤보다 약 150년 전, 기원전 551년 경에서 497년까지 살았다. 예수회 선교사들이 중국 통치자들을 개종하기 위하여 고대 공자의 문헌에 열중하고 그들이 발견한 것에 압도되었던 16세기 말에 이르러 비로소 그는 서구 세계에 알려지게 되었다.[21]

그에 관한 연구결과가 곧 유럽에 알려졌다. 라이프니츠(Leibniz)는 실천철학에서는 중국인이 유럽인을 능가하며, 따라서 중국 선교사가 유럽으로 파견되어야 한다고 하였으며, 볼테르(Voltaire)는 도덕에 있어서 유럽인들은 중국인의 "문하생이 되어야 한다"고 선언했다.[22] 볼프(Christian Wolff)는 중국인에 대해서 "통치 기술에 있어서, 이 민족이 예외 없이 모든 다른 민족을 능가해 왔다"고 말했다.[23] 공자는 계몽운동의 수호 성인으로 알려졌다.[24]

공자는 교사로서 두드러지게 성공했다. 《논어》(論語)는 그가 말한 것을 모은 것이며, 아마도 그의 문하생들에 의해 편집되었을 것이다. 《논어》에 언급된 22명의 학생들 중 9명은 중요한 정부 관직에 종사했으며, 열 번째는 이를 거절했다. 게다가 그의 영향은

21) H. G. Creel, *Confucius: The Man and the Myth*(Westport, Conn.: Greenwood Press, 1972).
22) 같은 책.
23) 같은 책.
24) 같은 책.

멀리까지 미쳤다. 그는 2,500년 동안, 중국의 모든 사람에게 '스승'이었고 그의 영향은 심지어 공산혁명 이후에도 계속되었으며, 오늘날에 오히려 현저하게 나타나고 있다.

플라톤이나 아리스토텔레스와 같이, 공자는 미덕의 윤리학을 주장하지만 그가 주장한 미덕의 목록은 플라톤이 주장한 미덕의 목록보다 길고, 어떤 점에서 아리스토텔레스가 주장한 목록과는 다르다. 공자 윤리학의 한가지 두드러진 특징은 자식으로서의 의무에 대한 강조이다. 플라톤의 경우에 정의로운 개인은 정의로운 국가를 본받는 것이다. 그러나 공자의 경우에 국가는 대규모의 가정으로 생각되어야 한다. 공자는 또한 능력주의 사회를 옹호했으며, 그 다양한 형태가 중국 사회에 구체화되었다. 영국의 공무원제도의 체계는 실제로 중국에서 발견된 체계를 본받은 것이며, 미국의 공무원제도는 영국의 체계를 차례로 본받은 것이므로, 궁극적으로 중국의 체계를 본받은 것이나 마찬가지이다. 사람들은 또한 공자에게서 황금률의 소극적인 설명: "당신이 당신 스스로에게 행하고 싶지 않은 바를, 다른 사람에게도 행하지 마십시오(己所不欲 勿施於人)"를 발견한다. 그 당시 의심할 여지도 없이, 공자의 견해에 감명을 받은 예수회 선교사 중의 한 사람은 만약에 공자가 17세기에 살았더라면, "그가 가장 먼저 기독교인이 되었을 것이다"라고 확언했다.

만약 사람들이 특별한 단체와 함께 행동하게 하고, 동시에 그들이 속한 단체에 대하여 비판적으로 생각하게 할 수 있는 방법을 이해하도록 우리가 공자에게 도움을 기대한다면, 우리는 두 가지 중심 개념: 인(仁, jen)[25]과 예(禮, li)를 발견한다.[26] 대부분 인은 다른 사람의 복지에 대한 관심, 효도, 연장자에 대한 존경과 역경

을 견디는 능력과 같은 자질을 포함하는, 가장 높은 윤리의 이상
적 목표를 가리킨다. 예는 원래 신령과 조상에 대한 제사 의식을
가리키는 것이었다. 그러나 마침내 예는 사람들 사이의 관계를 다
스리는 모든 전통적이고 관습적인 규범을 가리키게 되었다. 《논
어》의 수많은 곳에서, 공자는 인과 예 사이의 친숙한 관계에 대해
의견을 말하고 있다. 인에 대한 질문을 받으면(안연편(顏淵篇) 제1
항) 공자는 "자아를 억제하여 예의 실천으로 돌아가는 것이 인의
구성 요소이다"(克己復禮爲仁)라고 말한다. 학이편(學而篇) 제2항
에서, 공자는 효도를 인을 계발하는 가장 본질적인 출발점으로 묘
사하고 다른 곳에서는 효도를 예의 준수에 의하여 설명하고 있다.

　이러한 구절들을 따라가게 되면, 우리는 공자를 전통적이고 관
습적인 규범을 비판 없이 받아들일 것을 옹호한 극단적인 전통주
의자로 해석하게 된다. 그러나 다른 곳에서 공자가 말한 것에 미
루어 보면, 그가 인을 예에 대하여 비판적 기능을 가지는 것으로
생각하고 있다는 것이 분명하다. 예를 들면, 자한편(子罕篇) 제9항
에서 그는 다음과 같이 말한다,

　　아마포(亞麻布)로 된 의전용 모자는 예에 의해 규정된 것이다. 오늘날 검정
　　명주가 대신 사용되고 있다. 이것은 좀더 소박한 것이며, 나는 다수를 따른
　　다. (군주를 알현하기 위하여) 계단을 오르기 전에 부복하는 것은 예에 의

---

25) jen은 대만에서 사용하던 표기 방법이고 오늘날에는 ren으로 통일하여 표기
　　하고 있다(옮긴이 주).

26) David Wong, "Community, Diversity, and Confucianism", in *In The
　　Company of Others*, Nancy Snow, ed. (Lanham: Rowman and Littlefield,
　　1996), 17~37면: Russell Fox, "Confucian and Communitarian
　　Responses", *Review of Politics*(1997), 561~592면을 보라.

해 규정된 것이다. 오늘날 사람들은 계단을 오른 후에 그렇게 한다. 이것은
격식을 차리지 않는 것이며, 비록 다수에 거스를지라도 나는 오르기 전에
부복하는 관례를 따른다.

이 구절에서, 공자는 인을 확보하기 위해 그 적절성에 의한 경우
에는 보통의 관례를, 다른 경우에는 옛 규칙을 선호하면서, 현재의
보통의 관습과 옛 규칙 사이의 두 가지 충돌을 명확히 평가하고
있다.

그러나 우리는 언제 일상 관례 혹은 관습적 관례를 따라야 할지
그리고 언제 그들로부터 벗어나야 할지를 어떻게 알 수 있는가?
때때로 이것은 결정하기가 매우 어렵다. 자로편(子路篇) 제18항
에서, 섭공(葉公)이 공자에게 고하기를, "우리 마을에 그의 행위가
정직하다고 '불리는 이가 있습니다. 그의 아버지가 양을 훔쳤을 때,
그가 아버지에게 불리한 증거를 제시했습니다." 공자가 대답하기
를, "우리 마을에서 정직한 사람은 전혀 다르다네. 아버지는 그 아
들의 비행을 숨겨 주고, 아들은 그 아버지의 비행을 숨겨 준다네."
그러나 확실히 우리가 친척의 비행을 숨겨야 하는 정도에는 한계
가 있다. 카진스키(David Kaczynski)가 폭파범인 그의 형을 경찰
에 신고한 것은 확실히 적절한 것이었다. 그런데 그의 형은 17년
에 걸쳐서 미국의 여러 곳에 16개의 폭탄을 설치하여 3명을 죽이
고 29명을 다치게 하였다.[27]

또 하나의 사례를 생각해 보자. 킹스턴(Maxine Hong Kingston)
은 그녀의 책 《여전사》(Woman Warrior)에서 자신의 아버지가 징
집되었을 때, 늙은 아버지를 대신한 한 젊은 여자에 관한 중국의

---

27) Maria Eftimiades, "Blood Bond", *People, August* 10, 1998, 477면.

전통 민요를 다시 말하고 있다.[28] 킹스턴은 여전사의 "완벽한 효
(孝)"를 그녀의 세속적인 성취에 대해 가족이나 지역사회로부터
어떠한 인정도 얻지 못한 그녀 자신의 무능과 함께 기술하고 있
다. 킹스턴은 가족 혹은 사회의 반대에도 불구하고 여자의 성공이
종종 성취되는 방법을 강조한다. 이 사례가 설명하는 것은 우리가
언제 우리 사회의 일상적 관례나 관습적 관례를 따라야 할지, 그
리고 언제 그들로부터 벗어나야 할지를 아는 것이 언제나 쉬운 것
이 아니라는 점이다.

　명확히, 많은 것이 우리 자신이 서 있는 역사적 상황에서 우리
가 실제로 이용할 수 있는 방법이 무엇인가에 달려 있다. 결국
"당위"(ought)가 "자유"(can)를 함축한다. 그러므로 우리가 행하도
록 기대하는 것이 불합리하게 될 그 무엇인가를 행하도록 도덕적
으로 요구될 수는 없는 것이다. 그러나 공자 윤리학에 관한 이 논
의가 설명하는 것은 어떤 때는 우리가 일상적 관례나 관습적 관례
에 반대할 필요가 있으며, 또 어떤 때는 전통적 가치 자체를 위하
여 그렇게 행할 필요가 있다는 것이다.

전통윤리학에 대한 새로운 의무

"정의의 곡해: 미국의 북 아메리카에서의 점유권 정책에 관한
아메리칸 인디언의 검토"에서, 아메리칸 인디언 행동주의자인 처
칠(Ward Churchill)은 미국은 이 대륙에서 자신의 것이라고 주장

---

28) Maxine Hong Kingston, "White Tigers", in *The Woman Warrior*(New
　　York: Knopf, 1977), 17~54면.

하는 영토 중 적어도 반에 대해 합법적인 점유권을 현재 소유하고
있지 않으며, 지금껏 소유한 적도 없다고 주장하고 있다.[29] 그는
나아가서 미국 정부가 사실상 북 아메리카의 어떤 부분에 대해 가
지는 것보다는 이라크가 쿠웨이트(제1차 세계대전 이후에 영국인
에 의해 이라크에서 분리된, 그 19번 째 지역)에 대해 훨씬 더 나
은 자격을 가지고 있다고 주장한다.[30] 확실히 이것은 서구 사회에
서 널리 주장되는 입장은 아니다. 그것은 확실히 시장의 크기 때
문에 전 미국에 걸쳐서 교과서 출판업자의 기준이 되는, 텍사스주
와 캘리포니아주에서 보수적인 주 정부에서 승인되는 교과서에서
보증되는 입장도 아니다.[31] 그럼에도 불구하고, 만약에 전통윤리학
이 서구 이외의 이상적 목표에 대한 편견을 피하려 한다면, 그것
은 오늘날 아메리칸 인디언에 대한 우리의 의무에 대해 그것이 어
떤 함축을 지니는가를 평가하면서 처칠의 아메리칸 인디언의 입
장과 타협이 이루어져야 한다. 그렇게 하기 위하여, 우리는 신세계
[남북 아메리카 대륙]에 왔던 유럽인들에 의한 아메리칸 인디언의
정복에 대해 다른 시각으로 살펴볼 필요가 있다.

　최근의 추정에 따르면 콜럼버스가 도착하기 전에 남북 아메리
카의 인디언 인구는 리오그란데 강[32] 북쪽에 사는 인디언 약 1천
5백만 명과 함께 대략 1억 명이다. 그 당시 유럽의 인구는 약 7천
만 명이었고, 러시아의 인구는 약 1천 8백만 명이었으며, 아프리카

---

29) Ward Churchill, "Perversions of Justice: A Native-American
　　Examination of the Doctrine of U. S. Rights to Occupancy in North
　　America", in Sterba, *Ethics*, 401~418면.
30) 같은 책.
31) Michael Apple, *Official Knowledge*(New York: Routledge, 1993), 65면.
32) 미국과 멕시코의 국경을 이루는 강(옮긴이 주).

의 인구는 약 7천 2백만 명이었다.[33] 콜럼버스가 카리브해의 섬에
도착했을 때, 그는 그들 자신을 타이노 족(Taino)이라 부르는 사
람들의 환영을 받았다. 콜럼버스는 스페인의 왕과 왕비에게 보내
는 편지에서 그들을 다음과 같이 기술하고 있다:

> 너무나 유순하고 너무나 평화를 애호하는 사람들이라 저는 폐하에게 맹세
> 하노니 이 세상에 이보다 더 나은 민족은 없습니다. 그들은 그들의 이웃을
> 자신처럼 사랑하며, 그들의 대화는 감미롭고 부드러우며, 미소가 따르고 있
> 습니다; 그리고 비록 그들은 벌거벗고 다니지만 그들의 예의는 품위가 있
> 고, 칭찬할만 합니다.[34]

　1492년에, 느슨하게 조직된 약 8백만 명의 타이노 족이 콜럼버
스가 히스파뇰라라고 불렀던 섬에 거주했으며, 그 섬은 현재의 아
이티와 도미니카 공화국으로 나누어져 있다. 1508년 경, 히스파뇰
라 섬의 인구는 10만 명 이하였고 1518년 경에는, 그 인구가 2만
명 이하였다. 학자들은 1535년 경에는 모든 실천적인 목적을 위해
히스파뇰라 섬의 원주민 인구가 소멸했다는 데 동의한다.[35]
　히스파뇰라 섬의 타이노 족에게 무슨 일이 있었는가? 그들은 스
페인인들이 옮겨온 병으로 전멸했다. 그러나 그것은 단지 그 이야

---

33) David Stannard, *American Holocaust*(New York: Oxford University
　　Press, 1992), 261~268면; Lenore Stiffarm with Phil Lane Jr., "The
　　Demography of Native North America", in *The State of Native America*,
　　ed., Annette Jaimes(Boston: South End Press, 1992), 23면 이하.
34) Dee Brown, *Bury My Heart at Wounded Knee*(New York: Holt, 1970),
　　1면.
35) Stannard, 74~75면.

기의 일부에 지나지 않는다.[36] 스페인인들은 금을 원했다고 한다; 그들은 타이노 족이 제공할 수 있는 모든 금을 원했으며, 그것도 급히 서둘러서 원했다. 금을 확보하기 위해, 스페인인들은 인디언들을 공포의 도가니로 몰아넣으면서 금을 제공하도록 했다. 카자스(Las Casas)에 따르면, 스페인인들은

목을 매달고, 불에 태우고, 사나운 개에게 물어뜯기고 또한 손, 발, 머리와 혀를 잘라 냄으로써 많은 인디언들을 살해했다. 그것도 공포를 퍼뜨려 인디언들이 그들에게 금을 제공하게 하는 것 이외에 다른 어떤 이유도 없이 살해했다.[37]

이러한 정책을 추구함에 있어, 스페인인들은

마을을 공격하고 아이, 노인, 임산부, 분만중인 여인 등 목숨을 살려 두지 않았다. 그들을 칼로 찔러 죽이고 팔다리를 절단했을 뿐 아니라, 마치 도살장에서 양을 다루는 것처럼 그들을 난도질했다. 그들은 누가 칼을 한 번 쳐서 사람을 둘로 쪼개거나 혹은 머리를 잘라 내거나, 혹은 창을 한 번 던져서 내장을 꺼내 놓을 수 있느냐는 등의 내기를 했다. 그들은 어머니의 젖가슴에서 아기들을 빼앗아서, 그들의 다리를 움켜쥐고 울퉁불퉁한 바위에 거꾸로 내동댕이치거나, 혹은 그들의 팔을 움켜쥐고 그들을 강 속으로 던져 버리고는 크게 웃었다… 그들은 낮고 넓은 교수대를 만들어 희생자들의 발이

---

36) 이 병은 천연두, 홍역, 선(腺) 페스트, 디프테리아, 유행성감기, 말라리아, 황열병과 장티푸스를 포함했다.

37) Bartolome De Las Casas, *The Devastation of the Indies*, trans. Herma Briffault(Baltimore: John Hopkins University Press, 1974), 78면.

172

바닥에 닿을 정도로 매달아 놓고, 우리의 구세주와 그의 12사도를 기념하여
13몫으로 나누어 희생자들을 높은 곳에 달아 놓고, 그 다음에 그들의 발 밑
에 불붙은 나무를 놓아 그들을 화형에 처했다.[38]

아이를 제외한 히스파뇰라 섬의 모든 인디언들은 매 3개월마다
일정한 양의 귀중한 광석을 스페인인들에게 넘겨 주도록 명령을
받았다. 광석을 넘겨 준 인디언들은 공물이 바쳐졌다는 증거로서
그들의 목에 걸 증거품을 받았다. 그러나 그 할당량이 너무 높아
서 인디언들은 그 할당량을 충족시킬 수 없었고, 그들의 식량 생
산도 유지할 수 없었다. 결과적으로, 많은 사람들이 궁핍으로 죽거
나 혹은 몸이 약한 상태에서 스페인인들이 옮겨온 새로운 병으로
보다 쉽게 사멸했다.[39] 이러한 방식으로, 스페인인들은 히스파뇰라
뿐만 아니라 산후안, 자메이카, 쿠바와 같은 카리브해의 다른 섬들
의 주민을 없앴다.

중앙 멕시코에서는, 코르테스(Hernando Cortes)가 도착한 1519
년에 그 인구가 약 2천 5백만 명에 달했다. 1595년 경에는 95%가
줄어서 1백 만 명이었다.[40] 그러나 스페인인들이 처음으로 마주친
카리브해 사람들과는 달리, 멕시코 사람들은 수많은 전쟁 경험을
갖고 있었다. 그렇지만 두 가지 요소가 스페인인들이 통치하는 것
을 가능하게 했다. 첫째로, 코르테스는 아즈텍 족과 그들의 통치자
인 몬테수마(Montezuma)에 대한 그의 전쟁에서 경쟁관계에 있는
인디언 족들의 협력을 얻을 수 있었다. 예를 들면 그들이 아즈텍

---

38) Las Casas, 같은 책, 33~34면.
39) Stannard, 70~71면.
40) 같은 책, 85면.

족의 수도 테노치티틀란(Tenochtitlán)을 계속 진군해 들어갈 때 코르테스는 그의 1천 명 이하의 스페인 군인들의 부대에 동행한 15만 명의 전사들을 말하고 있다. 둘째로, 아즈텍 족은 전쟁을 선포하고 공명정대하게 싸우는 것을 믿고 있었다: 그들은 크게 성공하여 싸울만한 가치가 있는 적을 가지기 위하여 공격 전에 적에게 식량과 무기를 보내기도 할 정도였다. 따라서 평화적 의지를 공언했던 코르테스가 그의 부대를 그 도시에 주둔시키자마자 실제로 그들을 공격할 것이라고는 믿지 않았던 것이다.[41]

아즈텍 족이 패배하자, 스페인인들은 계속해서 금을 찾았다. 카자스는 자발적이든 혹은 공포에 의해 강요되었든, 스페인인들에게 9천 카스텔라노(castellano)의 가치가 있는 금을 주었던 지방 통치자의 이야기를 열거했다.[42]

여기에 만족하지 못하고 스페인인들은 그 통치자를 다리를 벌린 채 앉은 자세로 말뚝에 묶어 두고, 더 많은 금을 요구하면서 그의 발바닥을 태우기 위해 불을 붙였다. 그 통치자는 그의 집으로 더 많은 금을 가져오도록 사람을 보냈고 하인은 3천 카스텔라노의 가치가 있는 금을 가지고 돌아왔다. 그러나 그들은 더 많은 금을 요구했다. 이에 그 통치자는 금이 더 이상 없었거나 그렇지 않으면 더 이상 주고 싶지 않았기 때문에 거절했다. 그는 계속 고문을 받아 그의 발바닥의 골수가 드러나고 죽게 되었다. 이 사건에 관해 카자스가 논평한 바에 따르면, "이러한 짓들이 수도 없이 인디언들에게 행해졌으며, 언제나 그들로부터 가능한 한 더 많은 금을 얻을 목적으로 행해졌다."[43]

---

41) 같은 책, 75~76면.
42) Las Casas, 같은 책, 51면. 1 카스텔라노는 4.5그램의 금과 같은 가치이다.

174

그러므로 스페인인들이 가는 곳이면 어디서나 그들은 인디언들에 대해 공포정책을 계속했다. 카자스는 다음과 같이 자세히 이야기하고 있다. "스페인인들은 코와 입술로부터 턱까지 인디언들의 얼굴을 베어서 피가 흘러내리는 비참한 상태로 보내어 그들이 행한 놀랄만한 짓에 대한 소식을 전하도록 하였다… [어느 때는] 70쌍의 손이 절단되기도 했다."[44]

중앙 멕시코가 폐허화되자, 스페인인들은 남쪽으로 이동했다. 잉카 족(the Incas)의 본거지인 페루와 칠레에서는 1533년 피사로(Francisco Pizarro)가 도착하기 전에, 적어도 900만 명의 주민이 있었다. 세기가 바뀔 무렵, 그들의 수가 약 50만 명으로 줄어들었다. 여기에서 스페인인들은 처음에는 잉카 족으로부터 금과 은을 빼앗은 후에, 그들을 노예로 삼아 안데스 산맥의 고지대 은 광산에서 혹은 연안 저지대의 코카나무 농장에서 일하도록 했다. 인디언들의 공급이 모자라지 않도록 하기 위하여 스페인인들은 광산이나 혹은 농장에서 일하는 인디언들을 유지하기 위해 어떤 대책도 강구하지 않았으므로, 각 경우에 그들의 평균수명은 3, 4개월을 넘지 못했다—1940년대 아우슈비츠에서의 노예 노동자의 평균수명과 같은 정도였다.[45]

학자들의 추산에 따르면, 16세기 말에 약 20만 명의 스페인인들이 인도제국과 멕시코, 중앙 아메리카와 남 아메리카로 이주했다. 또한 그 무렵 그 지역에서 약 6천만 명에서 8천만 명에 이르는 원주민들이 죽었다.[46]

---

43) 같은 책, 51면.
44) 같은 책, 110, 125면.
45) Stannard, 87~89면.

극히 적은 인디언들이 리오그란데 강 북쪽에 사는 동안에, 이들 인디언들에 비해 세력이 강했던 영국인[나중에 미국인]들이 취한 태도는 오히려 스페인인들의 태도보다 더 혹독했다. 영국인[나중에 미국인]들이 원했던 것은 땅이었다―인디언들이 점유하고 있던 바로 그 땅이었다. 제임스 타운의 개척자인 워터하우스(Edward Waterhouse)는 말했다. "우리는 그들의 경작지에서… [그리고] 그들의 모든 마을에서, 개간된 땅에서(그 땅에서 가장 비옥한 곳에 위치한) 우리가 살게 될 것이다."[47] 보다 명확히 말하면, 그 목표는 인디언들을 서부로 밀어내는 것이거나 혹은 그들을 모조리 없애 버리는 것이다.

이 목표는 사회의 최고위층에서 확실히 보증되었다. 1779년, 워싱턴(George Washington) 대통령은 육군 소장인 설리번(John Sullivan)에게 "이로쿼이 족(the Iroquois)[48]의 촌락이 전체적으로 파멸되기 전에, 어떤 평화적인 제의에도 귀기울이지 않도록" 강요하면서 그들을 공격하고, "그 마을이 단순히 침략만 받는 것이 아니라 파괴되도록 … 모든 주변의 촌락을 황폐화 시켜라"[49] 하고 명령했다. 생존한 인디언들은 워싱턴 대통령을 "마을의 파괴자"라는 별명으로 불렀다. 왜냐하면 그의 직접적인 명령으로 이리호(Lake Erie)로부터 모호크 강(the Mohawk River)에 이르기까지 30개의 세네카 타운(Seneca town) 중에서 28개와 모호크 족(the Mohawk), 오논다가 족(the Onondaga), 카유가 족(the Cayuga)의

---

46) 같은 책, 95면.
47) 같은 책, 106면.
48) 뉴욕 주에 살았던 아메리칸 인디언(옮긴이 주).
49) 같은 책, 119면.

176

모든 마을이 전적으로 흔적이 없어질 정도로 파괴되었기 때문이다. 한 사람의 생존한 이로쿼이 족이 1792년 워싱턴 대통령의 면전에서 이렇게 말했다. "오늘날까지 그 이름이 들리면, 우리의 부인네들은 뒤돌아보고 얼굴이 창백해지고, 우리의 자녀들은 그 엄마의 목에 매달린다."[50]

제거 혹은 멸종이라는 이 목표는 애덤스(Adams)와 먼로(Monroe), 제퍼슨(Jefferson) 대통령[51]에 의해서도 공유되었다. 예를 들어, 제퍼슨 대통령은 1807년에 국무장관에게 미국의 확장에 저항하는 인디언들은 "전투용 도끼" 맛을 봐야 한다고 지시했다. 그는 "그리고 만약에 어떤 종족을 향하여 전투용 도끼를 들어올릴 수밖에 없다면, 우리는 그 종족이 전멸되거나 혹은 미시시피강 건너로 쫓겨갈 때까지 그 도끼를 내려놓지 않을 것이다"라고 썼으며, "전쟁에서 그들은 우리들 중 일부를 죽일 것이다. [그러나] 우리는 그들 모두를 죽일 것이다"라고 덧붙였다.[52] 이러한 대량살인을 성취하기 위하여, 영국인[나중에 미국인]들은 암허스트 경(Sir Jeffrey Amherst)이 1763년에 폰티액 동맹에 대하여 했던 것처럼, 그리고 1836년, 미군이 현재의 남다코타 주(South Dakota)에서 미주리 강을 따라 맨던 족(the Mandans)을 한꺼번에 죽이기 위해 했던 것처럼, 인디언들에게 천연두에 감염된 담요를 배급하는 것에 반대하지 않았다.[53]

---

50) 같은 책, 120면.
51) Richard Drinnon, *Facing West: The Metaphysics of Indian Hating and Empire Building*(Minneapolis: University of Minnesota Press, 1980), 331~332면.
52) 같은 책, 332면.

한때 "체로키 족(the Cherokee)의 전 종족이 징벌되어야 한다"
고 글을 쓴 적이 있는 잭슨(Andrew Jackson)이 1828년에 미국의
대통령으로 선출되었다. 잭슨 대통령은 체로키 족 땅의 상당한 부
분을 전유(專有)하려는 조지아 주의 시도를 지지했다.[54] 미국 대법
원이 잭슨과 조지아 주에 대해 반대하는 판결을 내렸을 때, 잭슨
대통령은 돈과 오클라호마 주의 인디언 지역의 약간의 땅과 교환
조건으로 체로키 족의 땅을 미국 정부에 인도하는 협정안을 작성
했다. 정부에 의해 체로키 족의 가장 영향력이 있는 지도자가 투
옥되고, 그들 종족의 정보를 공유하지 못하도록 인쇄소가 폐쇄된
가운데 협정안은 일부 '협조적인' 체로키 족과 교섭이 이루어졌
다. 그럼에도 불구하고 그 종족의 구성원들을 제거하기 위해 등록
업무를 맡았던 미군 장교조차도 이 협정안이

> 전혀 협정안이 아니라고 이의를 제기했다. 왜냐하면 [이 협정안은] 체로키의 대
> 부분의 사람들에 의해 재가(裁可)되지 않았으며, 그리고 [이 협정안은] 그들의
> 참여나 동의가 없이 이루어졌기 때문이다. 나는 이 협정안이 체로키 사람들에게
> 언급되었더라면, 이 협정안이 즉각 그들 중 9/10에 의해 거절될 것이라고 진지
> 하게 선언하며, 나는 그들 중 19/20에 의해 거절될 것으로 믿고 있다.[55]

이 협정안이 서명, 인도되면서 체로키 족의 구성원들은 의도적

---

53) Lenore Stiffarm with Phil Lane Jr., 32면; Ward Churchill, *Indians Are Us?* (Monroe: Common Courage Press, 1994), 제1장.

54) Stannard, 121면 이하.

55) 같은 책, 122면. Michael Paul Rogin, *Fathers and Children: Andrew Jackson and the Subjugation of the American Indians*(New York: Knopf, 1975), 227면.

178

으로 콜레라와 다른 전염병이 창궐하는 것으로 알려진 지역을 통과하여, 인디언 지역을 향해 육로로 강제로 행군하게 되었다. 더욱이 인디언들이 눈물의 자국이라고 불렀던 행군을 시작했던 1만 7천 명 가운데 겨우 9천 명만 오클라호마 주에 도착했다.

실제로 서부 지역 자체에서는 인디언의 재배치보다는 오히려 멸종이 더 선호되는 정책인 듯 했다. 예를 들면 1864년 콜로라도 주의 샌드 크리크(Sand Creek)에서 대부분의 여자와 어린이들의 대량학살에 7백 명의 무장 군인을 이끌었던 치빙턴(John Chivington) 대령은 "알이 이가 된다"고 지적하면서, 일찍이 그의 군대가 "크든 작든 모두 죽이고 머리 가죽을 벗기기를" 원한다고 발표했다.[56] 그리고 1867년에 코맨치 족(the Comanche)의 우두머리인 토사위(Tosawi)가 셰리단(Philip Sheridan) 장군에게 자신을 "토사위, 좋은 인디언"이라고 소개했을 때, 셰리단은 "내가 이제껏 본 유일한 좋은 인디언은 죽었다"라는 말로 대답했으며 이 논평은 자주 인용되고 있다.[57]

치빙턴과 셰리단의 견해가 널리 공유되고 있음은 의심할 여지가 없다. 예를 들면 홈즈(Oliver Wendell Holmes)는 인디언들은 "인간성을 반밖에 갖추지 않은" 존재에 지나지 않으며 그들의 "멸종"은 "백인종에 [그들이] 관계되는 문제에 대한 해결책"[58]으로 필요하다고 주장했다. 비슷하게도, 하우얼즈(William Dean Howells)는 "대초원의 붉은 미개인의 멸종"을 옹호하는 데에 "애국적 긍지"를 가졌다.[59] 그리고 루즈벨트(Theodore Roosevelt) 대

---

56) Stannard, 131면.
57) Brown, 170면.
58) Stannard, 245면.

통령은 아메리칸 인디언들의 멸종과 그들의 토지 몰수는 "불가피
한 만큼이나 궁극적으로 유익하다"[60]고 주장했다. 텍사스 주에서
는, 전승기념품으로서 원주민의 머리 가죽—어느 원주민의 머리
가죽이든—에 대한 공인 보상금이 1870년대까지 잘 유지되었다.[61]

1890년에, 미국 정부는 소위 "인디언 전쟁"이라 불리는 정복기
간이 공식적으로 끝났다고 선언했다. 그 당시, 미국 정부는 국경
내에 24만 8천 253명의 인디언만이 살아 남았으며, 캐나다 지역에
12만 2천 585명이 거주하는 것으로 결론지었다.[62] 이것은 콜럼버
스의 미대륙 발견 이전의 시대에 비하면 98%의 감소를 의미했다.

유럽인의 정복의 마지막 단계에서, 아메리칸 인디언의 자녀들은
어린 나이에 그들의 부모로부터 떨어져 기숙 학교로 보내졌으며,
"백인" 방식으로 교육되었다.[63] 이들 학교의 어느 교장이 지적하듯
이 그 목표는 "인디언을 죽이고 … 사람을 구하는" 것이었다. 1887
년에는, 1만 4천 명 이상의 인디언 자녀들이 그러한 기숙 학교에
등록되었다. 학생들이 마침내 인디언 보호거주지로 돌아갈 때, 그
들은 그들 자신의 언어를 말할 수도 없거나 혹은 그들 가족의 삶
의 방식을 이해할 수도 없는 사실상의 이방인이었다.[64]

---

59) Ibid; William Dean Howells, "A Sennight of the Contennial", *Atlantic
    Monthly* 38(July 1876), 103면.
60) Thomas G. Dyer, *Theodore Roosevelt and the Idea of Race*(Baton
    Rouge: Louisiana State University Press, 1980), 78면에서 인용.
61) Churchill, 37면.
62) Lenore Stiffarm with Phil Lane Jr., 36면.
63) Sharon O'Brien, *American Tribal Governments*(Norman: University of
    Oklahoma Press, 1989), 76면.
64) 같은 책.

　이러한 잔학한 행위들은 아메리칸 인디언들이 자신을 개발하고 사회의 존경받는 성원이 될 좋은 기회를 제공하는 방식에 의해 전혀 보상되지 않았다. 현재, 미국에서 아메리칸 인디언 보호거주지의 빈곤율은 전국 평균의 거의 4배이며, 남다코타 주의 파인 리지(Pine Ridge)와 애리조나 주의 토호모 오담(Tohomo O'Odham)과 같은 일부의 보호거주지(그 곳에는 국가 전체로는 2%인 것과는 대조적으로, 60% 이상의 가정이 적절한 배관공사 조차도 되어 있지 않다)에서는 빈곤율이 전국 평균의 거의 5배이다.[65] 1969년에는, 인디언 족 이외의 평균수명이 65세인데 비해, 인디언의 평균수명은 44세였다.[66] 15세에서 24세 사이의 젊은 인디언들의 자살율 또한 같은 나이 또래의 전국 평균보다 거의 200%나 높고, 알코올 중독으로 인한 사망률도 전국 평균보다 900% 이상 더 높다. 오늘날 많은 인디언 보호거주지에 널리 펴져 있는 궁핍과 나쁜 건강 상태는 제3세계의 조건과 거의 비슷하다.[67] 오늘날 아메리칸 인디언은 소외로 인해 고통을 겪을 뿐만 아니라 극도의 사회적·경제적으로 정의롭지 못한 행위 때문에 고통을 겪기도 한다.

　만약 우리가 아메리칸 인디언의 정복을 유럽의 유태인 대학살과 비교하면, 두 가지 국면이 두드러진다. 첫째로, 유태인 대학살 시기에 유태인들이 그들의 생명을 잃은 것보다 유럽인들이 남북 아메리카를 정복하는 동안에 훨씬 더 많은 수의 아메리칸 인디언들이 그들의 생명을 잃었다: 7천 4백만 명에서 9천 4백만 명의 아메리칸 인디언이 6백만 명의 유태인과 비교된다. 둘째로, 유태인처

---

65) Stannard, 256~257면.
66) O'Brien, 77면.
67) Stannard, 257면.

럼 많은 인디언 부족이 멸종의 위협을 받았을 뿐 아니라 많은 인
디언 부족이 실제로 멸종으로 내몰렸다: 예를 들면 텍사스 주에서
만 한때 인구가 많았던 카랑카와 족(Karankawa)과 아코기사 족
(Akokisa), 비두이 족(Bidui), 테자스 족(Tejas)과 코아후일란스 족
(Coahuilans)은 현재 모두 멸종되고 없다.[68]

또한 이 두 가지 악행 사이에는 재미있는 역사적 연관성이 있
다. 아메리칸 인디언의 정복이 먼저 시작되었고, 그 정복은 차례로
스페인에서 일어난 사건의 영향을 받았다. 1492년, 콜럼버스가 신
세계로 항해를 시작했을 때 대략 12만 명에서 15만 명의 유태인
이 스페인으로부터 추방되고 있었으며, 계속되는 여행에서 그는
그라나다에서 무어 족을 이제 막 이긴 중무장한 갑옷을 입은 보병
과 기병대를 데리고 갔다.[69] 스페인인들은 신세계를 정복할 준비
가 되어 있었으며, 그들이 접촉하게 되는 모든 인디언 부족들을
대량학살하고, 노예로 삼고, 전염병으로 수많은 사람을 죽임으로써
신세계를 정복했다.

그러나 그 후 20세기에 이르러, 아메리칸 인디언의 취급방식은
나치 지도자들에 의해 유태인들을 대량 학살하는 것을 정당화하
기 위해 이용되었다. 히틀러는 "스페인이나 영국은 독일 영토확장
의 모범이 되어서는 안 되며, 자신들의 미래를 위한 국토와 영토
를 얻기 위하여 열등한 종족을 무자비하게 밀어냈던 북 아메리카
의 게르만 민족이 독일 영토확장의 모범이어야 한다"[70]고 했다. 이

---

68) 같은 책, 3면.
69) Stannard, 62, 202면.
70) Adolf Hitler, *Hitler's Secret Book*, trans. Salvator Attanasio(New York: Grove Press, 1961), 44~48면을 보라.

182

와 비슷하게 힘러(Heinrich Himmler)는 한 막역한 친구에게 그가 알기로는 최후의 해결책이 유대인들에게 많은 고통을 주고자 한 것이라고 설명했다. 그러나 그는 미국인이 일찍이 행했던 바를 지적했는데, 그것은 인디언들—그들은 다만 자신의 본국에서 계속 살기를 원했다—을 가장 혐오스러운 방법으로 멸종시킨 것이었다.[71] 다소 다르게 비교해 보면 처칠(Ward Churchill)은 보울더에 있는 콜로라도 대학의 건물에 인디언-살인마에서 변신하여 성공한 기업가가 된 니콜스(David Nichols)의 이름을 본떠 명명하는 것에 항의하여 다음과 같이 썼다:

독일이 패했을 [때], 그 지도자들—군사적이든 민간의 것이든 둘 다—의 범죄가 사실대로 모두 밝혀졌다. 그들의 이름은 이제 전부가 전세계적으로 헐뜯기고 있다: 문명 사회에 끼친 그들의 긍정적인 공헌을 기념하기 위해 명명된 어떤 건물도 독일 대학 교정에는 서 있지 않다. 여기서 다른 점은, 독일과는 달리 미국이 정복과 멸종의 전쟁에서 이긴 것이다. 만약 당신이 나치의 승리 50년이나 100년 후에 우크라이나에 사는 것이 무엇과 같을지 생각해 볼 수 있다면, 당신이 행할 모든 것은 주위를 둘러보는 것이다. 당신은 바로 지금 여기에 살고 있다. 이것이 니콜스의 이름이 콜로라도 대학의 건물에 붙여지는 이유이며, 그와 같은 사람들의 이름이 오늘날 이 나라의 수천의 다른 장소에 있는 건물과 거리와 공원에 붙여져 있다.[72]

---

71) Roger Manvell and Heinrich Fraenkel, *The Incomparable Crime*(New York: Putnam, 1967), 45면.
72) Ward Churchill, "A Summary of Arguments Against the Naming of a University Residence After Clinton M. Tyler", quoted in Annette James, "Introduction," *The State of Native America*, 4면.

게다가 처칠은 유태인의 대학살과 아메리칸 인디언의 정복이 오늘날 조명되는 다른 방식을 대조하면서, 동시에 그것들이 어떻게 조명되어야 하는지를 밝히고 있다.

참으로 아메리칸 인디언들의 정복—미국인의 대학살이라 부르는 것—에 대한 전통윤리학의 반응은 무엇이어야 하는가?[73] 이러한 과거의 사건들이 오늘날 아메리칸 인디언들에 대한 우리의 의무에 대해 어떤 의미를 가지는가? 미국은 과거의 정의롭지 못한 역사를 고려하여 아메리칸 인디언들에게 상당한 크기의 땅을 되돌려 주어야 하는가? 이것이 바로 처칠이 행해야 한다고 주장하는 것이다. 그는 미국이 건국 초기 90년에 걸쳐서 아메리칸 인디언들의 여러 종족과 협약을 맺고 370개 이상의 별개의 협정에 대해 재가한 것에 주목한다.[74] 물론, 이들 재가된 협정의 다수는 사기를 친 것이거나 강제된 것이다. 때로는 협정을 체결함에 있어서 인디언 부족을 대표하도록 미국은 그가 선호하는 인디언 "지도자들"을 임명했다. 적어도 한 가지의 경우—포트 와이즈(Fort Wise)의 협정—에는 미국과 교섭하는 사람들이 다수의 샤이엔 족(Cheyenne)과 아라파호 족(Arapaho) 지도자들의 서명을 위조했던 것 같다. 미국 상원에 의해 결코 재가된 적이 없는, 그래서 결코 합법적으로 구속력이 없는 약 4백 개의 다른 협정안도 있었다. 그러나 이에 입각하여 미국은 지금 북 아메리카의 상당한 부분에 대해 합법적 권리를 주장한다. 오직 논증을 위하여, 이 모든 협정안이 합법적으로 그리고 도덕적으로 구속력이 있다—우리가 아는

---

73) 예를 들면 David Stannard가 쓴 책의 명칭에서 사용되고 있다.

74) Ward Churchill, *The Struggle for the Land*(Monroe : Common Courage Press, 1993), 제4부. 다음의 논의는 이 책에 바탕을 두고 있다.

어떤 것은 진실이 아니다—고 가정하더라도, 연방 정부 자체의 연구에 따르면 여전히 48개 주(알래스카 주와 하와이 주에 대한 합법적인 주장은 한층 더 빈약하다) 내에 있는 꼬박 1/3의 지역에 대해서는 미국이 전혀 합법적인 근거—어떠한 협정안도, 어떠한 일치도, 심지어는 국회의 어떠한 독단적인 법령도 없었다—를 가지고 있지 않다는 것이 밝혀진다. 동시에, 여전히 인디언이 정상적으로 소유하고 있는 보호구역은 이 같은 지역의 2.5%밖에 되지 않는다.

  처칠의 지적에 따르면, 연방 정부와 주 정부가 함께 45%와 47% 사이의 미 대륙을 소유하고 있으므로, 아메리칸 인디언 족들에게 식민지 대륙의 30%를 되돌려 줄 수 있으며, 이렇게 해서 미국 스스로가 명백히 법적인 권리가 없다고 인정하는 땅의 대략 그 비율을 그들 인디언들에게 되돌려 줄 수 있다. 이것은 인디언 이외의 자기 집을 소유한 사람들을 그들의 땅에서 축출하지 않고도 가능하다.

  처칠은 나아가서 이것이 이루어질 수 있는 방법에 대한 좀더 구체적인 계획을 제안한다. 루트거스(Rutgers) 대학의 포퍼 부부(Frank and Deborah Popper)의 연구에 의존하여, 그는 대초원 지역 내에는 110개 군이 있으며, 그것은 백여 년 전에 인디언 족으로부터 빼앗긴 이후로 재정적으로 파산한 동부 몬태나 주, 와이오밍 주, 콜로라도 주와 뉴멕시코 주뿐만 아니라 남·북 다코타 주, 네브래스카 주, 캔자스 주, 오클라호마 주와 텍사스 주의 서쪽 지역 내에 있는 모든 군의 1/4이 된다는 것에 주목했다. 이것은 대략 40만 명의 인디언 이외의 인구가 넓게 퍼져 거주하는 약 14만 평방 마일의 지역이다. 연방 정부의 보조금이 계속하여 주어지지 않으면, 이들 군 가운데 어느 것도 존속할 수가 없다.

포퍼 부부가 제안한 것은 버팔로 공유지처럼, 정부가 그 땅을 아메리칸 인디언 족에게 되돌려 주어서, 계속되는 손실을 줄이고 이들 군 내의 개인적 사유물들을 다시 사들이는 것이다. 처칠은 더 나아가 또 다른 100개 군과 그에 인접한 경제적으로 최저에 달한 "계속되는 적자를 면하지 못하는" 군들이 있다고 말하며, 와이오밍의 국유 목초지와 블랙 힐스의 국유 산림지역과 공원지구를 따라 위치한 이들 군들은 버팔로 공유지에 덧붙여질 수 있다고 제안한다. 그는 또한 이 군들이 미국 대륙의 대략 1/3을 구성할 수 있을 때까지, 이 공유지가 인디언 보호지구와 다른 인구가 희박하고 경제적으로 파산한 지역을 포함하기 위해 서쪽 지역으로 확장될 수도 있다고 제안한다. 그러면 그것은 일종의 북 아메리카 토착 부족 연합으로 인정될 수 있을 것이다.

그러면 인디언 땅을 되돌려 주는 처칠의 계획에 대하여 우리는 무엇을 생각해 볼 수 있는가? 만약 전통윤리학이 아메리칸 인디언들에 대한 정복을 적절히 고려한다면, 인디언에게 땅을 되돌려 주는 의무는 인정하지 않아도 되는가? 그리고 그것은 버팔로 공유지나 북 아메리카 토착 부족 연합이라는 제안을 시인하도록 이끌지 않는가? 만약에 이것이 요구되지 않는다면, 무엇이 요구될 것인가? 아메리칸 인디언들을 빈곤에서 벗어나게 하기 위한 경제적 자원의 실질적 경비인가? 카지노와 다른 세금이 면제되는 사업을 시작하기 위한 더 큰 권한인가? 전통윤리학이 아메리칸 인디언들의 입장을 적절하게 고려하기 위하여 특별히 요구되는 것이 무엇이든지, 그것은 우리가 이전에 인정하지 않았거나 혹은 충분히 인정하지 않았던 아메리칸 인디언들에 대한 의무를 인정하는 것을 확실히 포함할 것이다.

비교 문화적으로 전통윤리학을 적용하기

비록 전통윤리학이 서구 이외의 이상적 목표에 비추어 교정되거나 재해석될 필요가 없을 때라도, 혹은 우리가 이전에 인정하지 않았거나 혹은 충분히 인정하지 않은 의무를 인정하기 위하여 서구 이외의 문화에 대한 지식이 요구되지 않을 때라도, 전통윤리학을 적절히 적용하기 위하여 서구 이외의 문화에 대한 지식이 요구된다는 것은 여전히 사실이다. 전통윤리학을 적용할 때 관련이 있는 지역 문화를 고려하지 못하면 비참한 결과에 이를 수 있다. 이런 종류의 잘못에 관해 잘 알려진 사례는 미국의 베트남 개입이다.

미국의 베트남 개입은 제2차 세계대전 말에 이전의 식민지를 되찾으려는 프랑스의 노력에 대한 지지로서 시작되었다. 그러나 이지지가 본격적으로 시작되기 전에, 베트 민(Viet Minh, 베트남 독립 동맹군)의 지도자인 호 치민(胡志明)은 일본의 항복 후에 하노이에서 권력을 잡고, 미국 전략사무국(OSS) 관리가 참석하고 베트남의 악대가 "별이 빛나는 국기"를 연주하는 가운데, 1945년 9월 2일, 바 딘(Ba Dinh) 광장에 모인 50만 군중들 앞에서 독립 베트남 공화국을 선포했다.[75] 미국 독립선언문의 유명한 어구와 정치의

---

75) George Moss, *Vietnam: An American Ordeal*, 3rd ed., (Upper Saddle River: Prentice-Hall, 1990), 제1장; Ronald Cima, ed., *Vietnam: A Country Study*(Washington D. C.: Library of Congress, 1987), 제1장; Neil Sheehan, *A Bright Shining Lie*(New York: Random House, 1988), 제2

이상적 목표가 반영된 호 치민의 선언문은 다음과 같다:

> 모든 인간은 평등하게 창조되었다. 그들은 창조주로부터 어떤 양도할 수 없
> 는 권리를 부여받았으며, 이 권리 중에 생명과 자유, 그리고 행복 추구가 있
> 다… 이는 부인할 수 없는 진실이다.
>
> 그럼에도 불구하고, 80년 이상이나 프랑스 제국주의자들은 자유와 평등과
> 박애를 남용하면서, 우리의 조국을 점령하고 우리의 동포를 억압했다. 그들
> 의 행위는 인간애와 정의라는 이상적 목표에 반대되는 것이다.
>
> 정치 현장에서 그들은 우리의 모든 자유를 빼앗아 갔다. 그들은 비인간적인
> 법을 강요했다; … 그들은 학교보다 더 많은 감옥을 지었다. 그들은 우리의
> 애국자들을 무자비하게 살해했다; 그들은 우리의 봉기를 피의 강에 빠뜨렸
> 다.
>
> 우리는 테헤란과 샌프란시스코 회담에서 만인의 평등의 원칙을 인정한 연
> 합국이 베트남의 독립을 인정하지 않을 수 없을 것이라고 확신한다. 베트남
> 은 자유롭고 독립된 국가가 될 권리를 가진다; 그리고 실제로 이미 그러하
> 다.[76]

이 사건이 있기 며칠 전, 일본의 점령기간 동안 베트남의 꼭두
각시 황제였던 바오 다이(Bao Dai)는 후에(Hue)에 있는 황궁에서
호 치민의 대리인들에게 황제의 권리를 포기했다.[77]

권: Michael Charlton and Anthony Moncrieff, *Many Reasons Why: The American Involvement in Vietnam*(New York: Hill and Wang, 1978), 제 1장; Stanley Karnow, *Vietnam: A History*(New York: Viking, 1991), 제3 장.

76) George Moss, *A Vietnam Reader*(Upper Saddle River: Prentice-Hall, 1991), 32~34면.

188

1943년부터, 베트 민은 미국의 전략사무국 요원이 불시착한 조종사와 탈출한 포로를 구출하는 것을 도왔으며, 파괴 임무에 참여했고, 프랑스 군이 제공하는 것보다 일본군의 동정에 관해 더 좋은 정보를 제공해 왔다. 반대로 미국 전략사무국 요원들은 베트 민에게 무기와 보급품을 제공했다.[78] 그러나 미국 정부가 베트남을 다시 식민지로 삼으려는 프랑스 군대의 귀환을 지지하고 자금을 조달하기 시작했을 때 그 모든 것이 바뀌었다. 결국, 1954년에 디엔비엔푸(Dien Bien Phu)에서 프랑스가 결정적인 패배를 할 때까지, 미국은 프랑스의 전쟁 비용의 80%을 떠맡고 있었다.[79]

불행하게도, 베트남을 되찾으려는 프랑스를 돕기로 한 결정은 베트남의 역사와 문화 혹은 호 치민의 배경과 성격 그리고 베트 민에 대한 지식의 결여에서 이루어진 것이었다. 예를 들어, 루즈벨트(Franklin Roosevelt)는 한 때 베트남 사람들을 "체구가 작고 전쟁을 좋아하지 않는"[80] 사람이라고 논평하였다. 그와 미국의 다른 지도자들은 중국과 몽고에 대해 싸웠던 베트남의 천년의 항쟁과 무시무시한 칭기즈 칸(成吉思汗)의 패배에 대해 알지 못했으며, 쯩(徵) 자매와 전설적인 다른 영웅들에 관해서도 알지 못했고, 마오 쩌둥(毛澤東) 보다 수세기 전에 게릴라 전술을 개척했던 베트남 장군들에 대해서도 알지 못했다.[81]

77) Sheehan, 제2권; Karnow, 제3장.
78) Ibid.; Moss, *Vietnam: An American Ordeal*, 제1장; Charlton and Moncrieff, 제1장; Karnow, 제3장.
79) Sheehan, 제2권.
80) Sandra Taylor, "Vietnam in the Beginning", *Reviews in American History*(1989), 308면.
81) George Herring, "The Vietnam Analogy and the 'Lessons' of History",

베트남 사람들은 기원전 207년에 그 역사가 시작되었다고 기록
하였다. 그 시대에, 중국의 장군인 찌에우 다(趙佗)가 자신을 중국
남부와 현재의 다낭(Danang)까지 먼 남쪽까지의 베트남을 포함하
는 광대한 지역의 통치자로 선언했다. 이 지역의 비공식 명칭은
"남쪽의 베트남 땅"을 의미하는 "남 비엣(南越)"이었다. 찌에우 다
는 베트남 영주에게 지방 정세의 책임을 맡겨 간접적으로 베트남
영토를 통치했다. 기원전 111년, 위대한 한나라 황제인 우티(武帝)
가 남 비엣을 정복했다. 남 비엣은 중국 제국 내의 한 성(城)이 되
었고 이후 천년 동안, 오늘날의 베트남의 북쪽 반이 중국 사람에
의해 통치되었다. 이렇게 긴 식민지 통치기간에 베트남 사람들은
중국 문화의 많은 특징들을 받아들였으며, 한편으로는 중국의 정
치적 지배와 경제적 착취에 대하여 계속 저항했다. 베트남 역사에
서 끊임없이 찬미되는 봉기는 기원 후 39년에 일어났는데, 쯩 짝
(徵側)과 그녀의 여동생 쯩 니(徵貳)라는 두 여인이 지도적 역할
을 담당했다. 쯩 자매는 베트남 국토에 배치된 중국 주둔군을 압
도한 군대를 이끌었고, 순식간에 자신들을 독립 베트남 왕국의 통
치자로 선언했다. 그러나 기원 후 43년 중국의 황제가 강력한 군
대를 보내어 중국의 통치를 회복시켰기 때문에, 그들 자매의 통치
는 일시적이 될 수밖에 없었다. 6세기와 10세기 사이에 중국 지배
자에게 대항하는 수많은 폭동이 있었지만 그것들은 모두 진압되
었다. 그러나 907년에 중국의 당나라가 몰락한 후, 베트남에서 일
어난 일련의 봉기는 결국 중국의 통치를 끝냈다. 결정적인 전투가
939년에 일어났다. 그 해, 응오 꾸엔(吳權)이 이끄는 베트남 군은

in *The Vietnam War as History*, ed. Elizabeth Errington and B.J.C.
McKercher(New York: Praeger, 1990), 3~15면; Karnow, 제1장.

190

중국 왕위 계승자가 이끄는 훨씬 더 강력한 중국의 침략군에 맞섰
다. 그들은 오늘날의 하이퐁(Haiphong) 부근에 있는 바익 당(白
藤) 강까지 뻗쳐 왔다. 응오 꾸옌은 그의 군대가 힘이 부족하다는
것을 알고서, 더 강력한 중국 군을 패배시키기 위하여 현명한 전
략을 이용하기로 했다. 그는 높은 조수에서 말뚝이 보이지 않고
물표면 바로 아래에 놓이게 하기 위하여, 그의 군인들에게 꼭대기
에 철을 씌운 말뚝을 강바닥에 박도록 했다. 소형 선대로 응오 꾸
옌은 4백 척이나 되는 중국 함대를 먼저 공격하고, 그 다음에 그
의 군대에게 퇴각을 가장하도록 명령했다. 승리를 감지한 중국 군
은 숨겨진 말뚝 위를 지나서 응오 꾸옌의 퇴각하는 배를 뒤따라
추격했다. 조수가 빠져나가기 시작할 때, 응오 꾸옌은 그의 배들이
선회하도록 명령하여 중국의 배들이 꼭대기에 철을 씌운 말뚝 위
에서 꼼짝하지 못하도록 만들었다. 중국의 함대가 움직이지 못하
고 가라앉게 되자, 베트남 사람들은 중국 군을 완전히 물리칠 수
있었다. 그 왕위 계승자는 포로가 되었으며, 나중에 참수형에 처해
졌다. 이 전투는 베트남의 국가 독립의 기원으로서 기념되고 있
다.[82]

　938년 중국으로부터 독립을 얻기까지 베트남은 천년이나 걸렸
다. 1850년대에 프랑스 인이 도착하기 전까지, 그 다음 거의 천년
동안, 중국에서 권력을 잡게 된 새로운 왕조는 모두 베트남을 침
략했다. 중국과의 이러한 전쟁은 표면상으로는 약한 군대라도 똑
바로 지휘되면 더 강한 군대를 물리칠 수 있다는 생각을 베트남의
군사 사상의 중심이 되게 하는 데 도움을 주었다. 이러한 생각은

82) Moss, *Vietnam*, 제1장; Sheehan, 제2권; Cima, 제1장; Karnow, 제2장.

전혀 새로운 것은 아니지만, 베트남 사람들은 이를 세련되게 하는
데 진력하였다. 베트남의 군사 교육은 더 강력한 적이라도 장기전
으로 자주 공격하면 격파될 수 있다는 것을 강조했다. 게릴라 부
대의 기습 전법, 지연 작전, 잠복, 쉴새없이 공격하기 전법이 사용
되었다. 마침내, 적이 그 힘이 고갈되고 사기가 저하되었을 때, 최
대한의 기습과 기만 수단으로 개시된 갑작스런 공격에 의해 그 적
은 섬멸될 수 있다. 초기 베트남의 장군들 가운데 가장 유명한 쩐
흥 다오(陳興道)는 몽고족을 무찌르기 위해 이 전략을 사용했다.
몽고족은 고비 사막에서 갑자기 나타나 한국으로부터 헝가리에
이르는 세계를 위협하였고, 1284년과 1287년에 또다시 베트남을
침략했을 때, 칭기즈 칸과 쿠빌라이칸(忽必烈) 휘하의 그들은 중
국을 정복하였다. 쩐 흥 다오가 쓴 장기전술교범은 베트남 군사학
의 고전이 되었다. 거의 150년 후에 명 나라가 침략했을 때, 레 러
이(黎利)는 명나라 장수들을 물리치기 위해 비슷한 전략을 사용했
다.[83]

　3세기 반이 지난 후에도, 이러한 전술학 교과는 아직도 사라지
지 않고 있다. 1789년에 응우옌 후에(Nguyen Hue)―나중에 그는
꽝쭝(光中)이라는 황제 명으로 통치했었다―는 일련의 무력 행진
으로 붉은 강(Red River) 삼각주까지 중앙 해안을 끌어올렸다. 그
는 기습하여 하노이 변두리에 진을 치고 있는 대단히 큰 만주의
침략군을 쳐부쉈다. 음력 새해 연휴인 구정(Tet)의 신성을 더럽히
면서, 그는 연휴 다섯 째 날 한밤중에 만주 군사들이 그 날을 축
하하는 음식과 포도주를 먹고 깊이 잠들어 있는 동안 공격했다.

---

83) Moss, *Vietnam*, 제1장; Sheehan, 제2권; Karnow, 제2장.

192

그 결과 그의 승리는 베트남 역사에서 가장 뛰어난 공훈을 세운 것으로서 해마다 구정 연휴의 다섯 째 날에 상기되고 있다.[84]

베트남의 이상적 목표는 지식인이었으며, 또한 훌륭한 군인으로서 행동하는 사람이었다. 이것은 여자들에게도 유효했다. 쯩 자매는 그들의 반란군이 중국에 패한 후에 복종하기 보다 오히려 기원 후 43년에 투신 자살했다. 15세기에 9년 전쟁에서 중국을 물리쳤던 레 러이는 다음과 같이 표현했다: "우리는 약하기도 했고 강하기도 했다. 그러나 어느 때에도 영웅이 없었던 적은 없다."[85]

불행하게도, 미국이 프랑스의 식민지 회복 노력을 지지하도록 결정한 처음에 위임된 의사 결정권자들은 베트남의 군사적·문화적 역사를 전혀 알지 못했다. 또한 미국이 전면적인 군사적 개입을 하도록 결정한, 나중에 위임된 의사 결정권자들도 그것을 알지 못했다. 더욱이 이러한 중대한 결정을 할 때, 그들은 호 치민과 베트 민의 다른 지도자들의 배경과 성격을 올바르게 인식하지 못하고 있었다.

호 치민은 1890년 중앙 베트남의 연안 지방인 응예 안(乂安)에서 민족주의자의 활동 때문에 지방의 행정장관직에서 해고된 유교학파 귀족의 막내아들로 태어났다. 젊었을 때, 호 치민은 프랑스로 가서 제1차 세계대전 동안 파리에 머물렀다. 그는 프랑스 사회주의당에 가입을 했는데, 그것은 오직 이 사회주의당만이 식민지 독립을 진지하게 옹호했기 때문이었다. 1919년 윌슨(Woodrow Wilson)과 다른 동맹 정치가들이 베르사유(Versailles) 조약과 국제연맹 규약을 교섭하고 있을 때, 호 치민은 중국 고 미술품의 모

84) Ibid.; Cima, 제1장; Karnow, 제2장.
85) Sheehan, 제2권.

조품과 파리 사진관에서 사진을 손질하면서 벌었던 넉넉하지 못한 임금의 일부를 파리 평화 회의에 참석하기 위해 정장을 빌리는 데 사용했다. 그는 프랑스 식민지 제도에 반대하는 베트남인들의 불만거리를 적은 탄원서를 가지고 갔다. 그러나 아무도 그를 받아 주지 않았다. 호 치민은 윌슨의 민족자결주의가 체코인과 폴란드인 그리고 게르만이나 오스트리아계 헝가리의 지배하에 있던 동유럽의 다른 백인 민족에게만 적용된다는 것을 알게 되었다. 그것은 아시아의 갈색이나 황색 민족과 아프리카의 흑인에게는 적용되지 않았던 것이다.[86]

1945년 8월 15일, 히로히토 황제가 동경 라디오 방송으로 일본의 항복을 발표한 바로 그 날에, 호 치민은 중국의 쿤밍(昆明)에 있는 베트 민 대표에게 미국 전략사무국 주둔지를 통해 트루먼(Harry S. Truman) 대통령에게 베트남을 완전한 독립 이전에 "정해지지 않은 기간 동안 필리핀과 같은 지위로" 미국의 보호령으로 만들도록 "민주주의의 옹호자로서" 미국에게 요청하는 메시지를 보내도록 했다. 그는 대답을 받지 못했다. 그로부터 2주 후, 1945년 9월 2일, 일본 대표가 무조건적인 항복을 시인하는 문서에 서명한 날에, 호 치민은 하노이에서 베트남 독립 선언문을 낭독했다. 호 치민은 하노이에서 베트남 정부 수립 이후 18개월 동안에 걸쳐 트루먼 대통령과 그의 첫 국무장관인 바이네스(James Byrnes)에게 11통의 전보와 호소문을 보냈다. 그러나 이렇게 전달되는 정보 중 어느 것도 인정되지 않았다. 호 치민은 영국의 수상 애틀리(Clement Attlee)와 중국 국민정부의 장개석(蔣介石) 총통, 소비에

---

86) Moss, *Vietnam*, 제1장; Sheehan, 제2권; Karnow, 제3장.

트 연방의 스탈린(Joseph Stalin)에게 구조를 요청하는 비슷한 탄원서를 만들었다. 그들도 또한 대답하지 않았다. 이렇게 하여, 호 치민과 베트 민은 그 어떤 외부의 도움이 없이 1945년 프랑스에 대항하여 싸움을 시작했다. 장개석에 대항하여 싸운 마오 쩌둥의 승리 이후 1949년 말에 오직 중국의 원조만이 있었다. 베트 민에 대한 소비에트의 원조도 1950년대까지 시작되지 않았다. 중국과 소비에트 연방만이 1950년에 베트남의 독립을 공식적으로 인정했다.[87] 그러나 완전히 단독으로 남아 있었을 때조차도, 보 응우옌 잡(Vo Nguyen Giap) 장군이 이끈 베트 민 군은 프랑스에 대항해서 수많은 귀중한 승리를 성취했다.[88] 스스로의 힘으로 프랑스와 싸우기로 한 호 치민과 베트 민의 결정은 미국의 의사 결정권자들에게 그들이 중국과 소비에트의 앞잡이가 아니라는 것을 확신시켜야 했다. 그들은 호 치민과 보 응우옌 잡 장군이, 자기 나라의 보다 강력한 침략군을 쳐부술 수 있다고 믿는 베트남 민족주의자들의 오랜 역사에 속한 것으로 알아봤어야 했다. 그리고 그 민족주의자들이 그렇게 믿는 것은 그들의 선조들이 그 때까지 그렇게 여러 번 강한 적을 쳐부수어 왔기 때문이다. 불행히도, 베트남 역사와 문화 그리고 호 치민과 베트 민의 배경과 성격에 대한 무지가 미국의 의사 결정권자들로 하여금 비참한 결과를 가져온 잘못된 공공 정책을 지지하도록 이끌었다. 이 잘못은 근본적인 것이었다. 올바른 공공 정책에 도달하기 위하여 전통윤리학은 관련이 있

---

87) George McT. Kahin, "The Origins of U.S. Involvement in Vietnam", in *The Vietnam War as History*, ed. Elizabeth Errington and B.J.C. McKercher, 62면; Sheehan, 제2권; Karnow, 제3장.
88) Moss, *Vietnam*, 제2장; Cima, 제1장; Sheehan, 제2권; Karnow, 제3장.

는 지역의 문화를 고려해야 한다. 아마도, 미국이 베트남에 개입한 잘못이 이 교훈을 사람들의 마음속에 깊이 새겨 넣을 것이다.

　이 장에서, 나는 문화 다원주의의 도전을 충족시키기 위하여 성격상 세속적 윤리학과 서구 도덕과 서구 이외 도덕의 이상적 목표 양자에 대한 광범위한 비교 평가에도 살아 남을 수 있는 윤리학을 옹호해야 한다고 주장해 왔다. 나는 나아가 서구 이외의 문화가 이러한 종류의 윤리학의 형성에 기여할 수 있는 적어도 세 가지의 길이 있다고 주장해 왔다. 그것은 첫째로, 서구 이외의 도덕의 이상적 목표는 우리 서구 도덕의 이상적 목표를 의미있게 교정하거나 해석하는 데 도움을 줄 수 있다. 둘째로, 서구 이외의 문화는 우리가 이전에는 인정하지 않았거나 혹은 충분하게 인정하지 않았던 우리의 도덕의 이상적 목표에서 나오는 중요한 의무를 우리가 인정하도록 도울 수 있다. 셋째로, 서구 이외의 문화는 우리가 우리의 도덕의 이상적 목표를, 특히 비교 문화적으로 가장 잘 적용하는 방법을 수용하도록 도울 수 있다. 이 주장들의 각각에 대하여 나의 논증은 당연히 전통윤리학이 문화 다원주의의 도전을 충족시킬 수 있는 방법을 특수한 방법으로 가리키기 위하여 사례에 의하여 공자 윤리학과 아메리칸 인디언 문화와 그 입장, 그리고 베트남 문화에 의존해 왔다. 분명히, 이런 종류의 연구는 좀더 행해질 필요가 있다. 이것이 방어할 수 있는 윤리학을 가지게 되는 유일한 길이다.

제5장 결론

평화적 방법의 철학하기

실제로 전통윤리학에 대한 앞에서 논한 각 장들의 함의(含意)는 무엇인가? 제1장에서, 나는 전통윤리학은 도덕적 상대주의가 받아들이기 어려운 이론이며, 도덕은 그저 합리적으로 허용될 수 있는 것이 아니라 합리적으로 요구되며, 내가 칸트 윤리학을 정식화해 왔듯이 칸트 윤리학의 요구사항에 호의를 보일 충분한 이유가 있다고 논했다. 제2장에서, 나는 전통윤리학에 대한 환경주의의 도전으로 인간들과 인간 이외의 자연 사이에 이해의 상충을 해결할 적절한 우선권의 원리 혹은 충돌해결의 원리로서 인간방어의 원리, 인간보존의 원리, 불균형 배제의 원리, 보상의 원리 등을 받아들여야 한다고 논했다. 제3장에서, 나는 여성주의의 도전으로 성 역할의 차이가 인정되는 가족구조를 배제하고 남녀동체의 이상적 목표를 충족시키도록 정의의 이론, 공적/사적 구별, 도덕적으로 선한 사람이라는 이상적 목표를 적용해야 한다고 논했다. 제4장에서, 나는 문화 다원주의의 도전으로 서구 도덕의 이상적 목표 및 문화와 서구 이외의 도덕의 이상적 목표 및 문화 양자의 광범위한 비교 평가에도 불구하고 살아 남을 수 있는 세속적 윤리학이 필요하다고 주장했다.

우리가 이 결론들을 받아들인다 하더라도, 보다 일반적으로 우

리가 어떻게 철학을 해야 하는가의 문제, 즉 우리가 철학에 가져
와야 하는 어떤 일반적인 태도의 문제가 여전히 있을 수 있다. 우
선 유사한 문제가 철학 밖에서, 혹은 일반적으로 학계 밖에서, 특
히 그것이 대중전달매체에서, 정치에서 그리고 법의 실천에서 어
떻게 일어나고 있는가를 살펴봄으로써 이 문제에 접근해 보자.

대중전달매체, 정치, 그리고 법

클린턴(Bill Clinton) 대통령의 첫 임기 중에 떠돌아다닌 농담이
있었다. 대통령이 보도진의 구성원들과 함께 낚시 여행을 갔다. 그
들의 배가 선창을 떠난 후에 대통령은 낚시 도구를 가져오지 않은
것을 알고서 배에서 내려 해안으로 걸어가서 낚시 도구를 집어 들
고 물위를 걸어 배로 되돌아왔다. 그 다음날의 신문 표제는 '클린
턴 대통령은 수영을 할 줄 모른다' 였다. 이 농담은 모든 것에 부
정적 관점을 나타내는, 즉 성취는 무시하고 실패에 초점을 맞추는
보도진의 경향을 놀리는 것이다. 그러나 그런 경향은 실제로 있다.
전 공화당 상원의원인 심슨(Alan Simpson)은 옛 친구의 딸로, 그
녀의 생활 전부에 대해 알고 있었던 젊은 여자와 잡담을 했을 때
깜짝 놀랐다. 그녀는 콜럼비아 대학교 언론학부를 막 졸업했으므
로, 심슨은 그녀의 계획에 관하여 물었다. "사냥꾼이 될 거예요"
하고 그녀는 말했다. 그가 "무엇을 사냥하려고?" 하고 묻자 "당신
같은 사람!"이 그녀의 대답이었다. 이와 같이, 오늘날 대중전달매
체, 적어도 미국의 대중전달매체에서는 많은 사람들이 그들의 역
할을 공적인 인물의 약점, 실패, 부주의에 의한 가벼운 실수, 그리

고 일정한 기준에서 벗어난 잘못을 드러내는 것으로 보고 있다. 더구나 편집자들은 날카롭고 비판적인 기사가 언제나 가장 주의를 끈다고 주장하고 있다.

그러나 사태가 언제나 이와 같은 것은 아니다. 정치학자인 사바토(Larry Sabato)에 의하면 케네디 정부 시절에는 보도진이 마치 애완용의 작은 개와 같았다. 그들은 행정부의 보도자료를 그대로 믿었다. 베트남 전쟁과 워터게이트(Watergate) 사건[1] 중에 보도진들은 한결 집 지키는 개와 같았다. 그들은 관리들의 공적 행위를 면밀하게 조사하였다. 그러나 오늘날 보도진은 공격견을 많이 닮았다. 그들은 "날마다 모든 일에 대하여 끊임없이 관리들의 발목을 깨물곤 한다."[2] 오늘날 대중전달매체가 바로 이러한 공격적인 방식으로 기능하고, 부정적인 것에 초점을 맞추게 되자, 일반 대중들이 사건의 줄거리를 전체적으로 파악하고, 따라서 정보를 잘 숙지하게 되는 일이 더욱더 어렵게 되었다.

오늘날 대중전달매체, 적어도 미국의 대중전달매체는 어떤 문제에서의 갈등을 추적하거나 상반되는 두 측 사이의 갈등으로 표현될 수 있는 문제만을 다루려는 경향이 있다. 나치스에 의한 유태인 대학살이 일어났다는 것을 부인한 사람들과 그들이 받은 중요한 뉴스의 범위에 관해 책을 썼던 립스타트(Deborah Lipstadt)는 전국적인 방송에 나올 여러 번의 기회를 거절했다. 왜냐하면 그

---

1) 1972년 Washington, D. C.에 있는 민주당 본부 건물에 도청장치를 한 정보 활동(옮긴이 주).

2) Deborah Tannen, *The Argument Culture*(New York : Basic Books, 1998), 54면에서 인용. 태넌은 이 책에서 현대문화에서 전투적인 전략의 유행에 관해 탁월하게 논하고 있다.

초대가 유태인 대학살을 부인하는 사람들과 함께 출연하여 그들과 토론하는 조건이었기 때문이다. 그러나 모든 문제가 언제나 동등한 가치를 지니는 두 측면을 가지지 않으며, 많은 중요한 문제들이 논쟁으로서 가장 잘 드러나는 것도 아니다.

우리가 대중전달매체에서 정치로 방향을 돌리면, 적어도 미국에서는 타협과 지배에 대해 강조하기보다는 오히려 갈등과 부정적 측면에 대해 강조하는 유사한 점을 발견하게 된다. 예를 들면, 깅리치(Newt Gingrich) 대변인은 민주당이 건강보호체계를 개혁하는데 성공하면, 그 때는 그들이 격파될 수 없으리라고 추리하면서 클린턴 대통령의 건강보호계획에 대해 반대했다. 그렇지만 유사한 동기를 지닌 반대 의견때문에 노인의료보험제도와 국민의료보장제도를 재구성하려는 깅리치 자신의 계획이 좌절되었다. 미국에서는, 상원에서 클린턴 대통령의 탄핵심리에서 절정에 이른 야당의 정책은 새로운 수준에 도달했으며, 이것은 미국인의 이익에 제대로 도움이 되지 못하였다.

물론 미국에서의 법률적인 변호체계의 핵심에는 마땅히 있어야 하는 반대와 갈등이 자리 잡고 있다. 그러나 비록 그렇다 하더라도 여전히 변호사가 자신의 의뢰인을 변호하기 위해 얼마나 노력해야 하는가 혹은 어떤 사람에 대해 소송을 제기해야 하는가의 문제는 여전히 있다. 어느 젊은 변호사는 어떤 소송사건에서 상대 변호사가 핵심 서류를 정식으로 제출하는 마감일의 규칙을 지키지 않았기 때문에 즉석에서 이길 수 있다는 것을 알았다. 그러나 이 소송사건을 책임지고 있는 파트너는 이 논거를 사용하여 승소하기를 거절했다. 그는 "우리는 이 사무소에서 그와 같은 법을 지키지 않는다"고 말했다.[3] 그러나 많은 변호사들은 그의 행동을 적절한 변호를 게을리한 것으로 본다.

그러나 적절한 변호는 많은 것을 포함하는 것으로 생각되어 왔다. 필립 모리스(Philip Morris) 담배회사는 ABC방송사가 보도했듯이, 흡연자가 중독이 되었다는 것을 확인하기 위하여 그 회사가 궐련에 니코틴을 신중하게 부가하였는가에 관한 ABC방송사에 대한 소송에서 짙은 적색 종이에 기록한 요구 문서 25상자를 정식으로 교부하였다. ABC방송사는 그 서류는 읽기가 어렵고 정보를 이해하기 쉽도록 하기 위해 컴퓨터에 스캔할 수도 없었다고 주장했다. 그들은 또한 그 서류가 불쾌한 악취를 내고 있어 그것을 취급한 사람들을 구역질이 나게 했다고 주장했다.[4] 또 하나의 민사소송 사건에서, 한 쪽이 다른 쪽에 납세신고서를 요구했다. 그 쪽은 프라이버시를 이유로 반대했다. 어려움을 무릅쓰고 캘리포니아 주 대법원에 오르락내리락하는 1년반 동안의 값비싼 소송이 이어졌다. 마침내 그 변호사는 할 수 없이 납세신고서를 만들어야 했고 그 때 그는 그가 처음부터 알고 있었던 것을 드러냈다—그의 의뢰인은 그 해의 납세신고서를 제출하지 않았다.[5] 그 변호사는 이 지연전술이 그의 의뢰인에게 이익이 된다고 판단했었다. 하르(Jonathan Harr)는 그의 책 《민사소송》(A Civil Action)에서 메사추세츠 주의 우번(Woburn)에서 유독한 화학제품을 쏟아 버려 지하수를 오염시킨 그레이스와 베아트리체 식품회사(W. R. Grace &

---

3) Monroe Friedman, "Kinder, Gentler, But Not So Zealous", *The Recorder*, August 23, 1995에서 인용.

4) Charles Yablon, "Stupid Lawyer Tricks", *Columbia Law Review*(1996), 1618면.

5) 이 소송사건은 Tannen, 152~153면에서 논의되고 있다.

Beatrice Foods)에 대한 (공동 피해자들의) 집단소송에서, 가정을 잃고 빈곤하게 된 뒤에야 비로소 승소하여 유복하게 된 실제 생활의 변호사에 관해 기록하고 있다.[6] 이 소송사건에서 그 결과는 보통과 달랐다. 보통 부유한 쪽이 가난한 쪽을 자꾸 공격하여 격파할 수 있다. 그러나 정의로운 소송사건에서는 드물게 이 지체하거나 당황하게 하는 전술이 도움이 된다. 기소하는 측에서, 스타(Kenneth Starr) 검사가 최초에 위임된 화이트워터(Whitewater) 사건의 조사를 훨씬 벗어나 클린턴 대통령에 대해 소송을 제기하려 한 극단적 조치는 정부가 중요한 정치적, 경제적 그리고 사회적 문제를 해결하는 데 초점을 두게 한다는 점에서 보면 결코 미국 국민의 이익에 도움을 주지 못했다.

철학의 실천

이제 여기서 우리의 주요한 관심사인 철학의 실천에 대한 보다 더 자세한 검토로 돌아가면, 우리는 철학하기가 너무나 자주 한바탕 싸움을 하거나 전쟁을 하는 것을 모델로 삼고 있음을 알게 된다.[7] 논증들이 공격을 받고, (비행기처럼) 추락하거나 혹은 (배처럼) 침몰하기도 한다. 이 논증들은 방어되거나 패배하거나 혹은

---

6) Jonathan Harr, *A Civil Action*(New York: Vintage Books, 1995).

7) 동료 철학자들 앞에서 철학적 결론을 확립한다는 의미에서 철학하기를 학생들이나 철학자가 아닌 사람들에게 철학을 가르치거나 설명한다는 의미에서 철학하기로부터 구별하는 것이 중요하다. 여기서 나는 주로 첫번째 의미에서 철학하기에 관심을 가지고 있다.

(도시의 성벽처럼) 헐리기도 한다. (사람들처럼) 사상들도 살해되고, 전멸되기도 한다.[8] 명백히 이런 전투적인 방법의 철학하기에는 문제점이 있다. 참으로 정당화되는 견해에 도달할 수 있는 가능성을 도려내는 경향과 더불어, 그 실천에는 본래적인 부당함이 있다. 그리고 앞으로 내가 주장하는 것과 같이 평화적인 방법의 철학하기라는 대안이 있다. 아직은 전투적인 방법의 철학하기가 지속되고 있다.[9]

　이제 철학대회에서 드물지 않게 일어나는 일을 살펴보자. 한 젊은 철학자가 그의 최초의 발표를 하고 있다.[10] 그의 논문은 법철학에 관한 것이고 그의 논증은 일정한 범위의 사법적인 결정에 기초하고 있다. 수많은 다른 사법적 결정에 기초한 반대 이유가 담긴 그의 논평자의 논평문이 그가 발표하기 직전에 그에게 건네진다. 발표자는 그의 논평자가 가리키는 사법적 결정의 자세한 내용을 알지 못하면 자기의 견해를 방어할 수 없다. 물론, 일반적으로 사태는 이처럼 전적으로 절망적이지 않다. 논평문은 늦게 나오는 경향이 있고, 더러는 그것들이 제시되는 회합 직전에 나온다. 그러나 발표자가 매우 사려깊은 것은 아닐지라도 몇 가지의 대답을 그럭

---

8) 논증과 전쟁의 유사성에 대해 논하려면, George Lakoff and Mark Johnson, *Metaphors We Live By*(Chicago: University of Chicago Press, 1980), 4~6, 77~86면; Edwin Burtt, "Philosophers as Warriors", in *The Critique of War*, ed. Robert Ginsberg(Chicago: Regnery, 1969), 30~42면을 보라. 래코프(George Lakoff)와 존슨(Mark Johnson)은 논증과 전쟁의 이 유사성이 논증의 본질을 구성하는 특징이라고 주장한다.

9) *Justice for Here and Now*에서, 나는 일찍이 이 평화적 방법의 철학하기를 제시하고 그것을 사회정치철학의 영역에 적용하였다.

10) 이름이 생략되어 있지만, 이 장에 기술된 사건들은 실제로 일어났던 것이다.

저력 하게 된다. 그러나 논평문이 늦게 제시되면, 발표자는 논평자에 대하여 불리한 처지에 놓이게 되며, 그리고 이런 일이 자주 의도적인 결과인 것처럼 보이기도 한다. 때로는 논평자가 자기의 비판적인 논평에 대하여 최상의 대답을 듣고 싶어하지 않는 것 같다. 오히려 그 논평자의 관심은 철학적 적대자에 대한 기본적인 공정성을 희생하더라도 철학적인 싸움에서 이기는 것이고, 철학적 전쟁에서 승리하는 것이다.

철학대회에서 승리를 추구하는 철학자들이 사용하는 몇 가지 다른 전술을 고려해 보자. 내가 아는 한 여성 철학자는 어떤 대회에서 45분의 발표를 하도록 초청을 받았다. 그녀는 발표계획을 세우면서 15분 정도 제한시간을 초과하면 자신의 견해를 가장 잘 방어할 수 있다는 것을 알고, 그렇게 하기로 결정하였다. 그녀의 논평자도 또한 그녀의 견해에서의 약점을 가장 잘 드러내기 위하여 논평을 위한 제한시간을 초과하기로 결정하였다. 그리고 그 후 발표자는 그녀의 논평자의 논평 모두에 대해 길게 대답하기로 하였다. 이와 같이 두 사람이 서로 이기려는 시도 때문에, 청중들은 그들 사이의 철학적 논쟁에 직접 참여할 수 있는 기회를 가질 수 없었다.

더구나, 철학대회에서는 발표자가 발표 논문에 대한 논평을 미리 알게 되면, 그 논평을 부적절한 것으로 만들기 위해 그 논문을 발표하기 전에 미리 수정한다는 말이 들리기도 한다. 몇몇 논평자들 역시 미리 논평에 대한 개요를 말하고, 될 수 있으면 그 발표자의 반응을 얻은 뒤에, 그에 알맞게 그들의 논평을 수정하고 싶어 한다. 다시 한 번, 그들의 철학적 적대자에 대한 기본적인 공정성을 희생하더라도 여기서의 목표 또한 승리인 듯하다.

한 때 내 여자 친구가 어떤 공동 토론회에서 발표하게 된 논문에 대한 논평문을 미리 입수하였다. 그 논평은 명백히 압도적인 것이었고 실제로 아주 해학적이기도 하였다. 그 논평은 실제로 그녀로 하여금 자신의 철학적 작업에 대해 냉소하게 하였다. 아주 유명한 철학자인 그녀의 논평자는 관대하게도 논평을 행한 후에 청중의 참여를 극대화하기 위해 공동토론회에서 더 이상 할말이 없을 것이라고 그녀에게 알려 주었다. 그럼에도 불구하고 공동 토론회가 있었던 날에, 내 친구가 그 논평자의 비평이 자기의 저서와 다른 사람들의 저서를 명백히 잘못 읽은 데 기초하고 있다고 설명했을 때, 그 논평자의 손이 높이 치솟고 직접적인 발언을 허가하도록 요구하였다. 그는 그녀의 대답의 적확성을 인정하지 않고, 반대 발언을 제기했으나 그것은 그 논의의 초점을 벗어나는 것이었다. 특히 내 친구를 실망시켰던 것은 그 공동 토론회가 끝난 후에 논평자가 그들 사이의 견해의 차이점을 논하기 위해 더 이상 관심을 갖지 않는 것이었다. 이것이 철학적 전쟁들이 공적인 일이 되는 방법을 설명해준다. 그것들은 공적인 인정을 받기 위해 이루어지는 것이다. 일치점에 이르기 위해 참가자들 사이에 막후에서 논의가 진행되는 경우는 거의 없다. 실제로 철학적 전쟁들에서 참가자들은 공적 대치 상황에서 상호간에 말할 수 있을 뿐이다.

나는 한때 잘 알려진 철학자로부터 왜 내가 근본적으로 견해가 다른 철학자들과 의논을 하는가라는 질문을 받았다. 그 당시에 나는 그 질문으로 인해 놀라서 거의 말을 할 수 없었다. 그러나 지금 나는 그것이 오늘날 철학이 행해지는 지배적인 방법을 반영하고 있으며, 그리고 아마도 철학이 항상 행해져 온 지배적인 방법

206

을 반영하고 있다고 믿는다. 그 방법은 철학자들을 서로 다른 집단들에 속한 것으로 보는 것이다. 같은 집단 내에서는 현저한 정도의 동정적인 이해가 있을 수 있으나, 그 집단들 사이에는 적대적인 관계, 즉 사실상의 전쟁상태만 있을 수 있다. 만약 당신이 이것이 사실이라고 믿는다면, 실제로 철학적인 적대자에게 의논을 해야 하는가의 문제가 생긴다. 당신은 아마 당신 자신의 철학적 견해에 어떤 약점이 있다는 것을 말하게 될 것이고, 그 약점이 당신에 반대하기 위해 사용될 수 있으며, 그 결과로 당신은 중요한 철학적 싸움에서 지게 될 것이며 그에 따라서 당신의 명성도 떨어지게 될 것이다.

이 전투적인 모형은 특히 사람들이 자신의 가장 강한 적대자와 마주치는 것에 관심을 기울이지 않는다. 이 모형에 따르면, 궁극적인 목표는 철학적 싸움에서 이기는 것이고, 철학적 전쟁에서 승리하는 것이다. 이 목표를 성취하기 위하여 약한 적대자가 강한 적대자만큼 적절하게 행할 수 있다. 실제로 약한 적대자가 더 선호될 수도 있다. 물론, 강한 적대자가 현장에 있으면, 당신은 그 적대자와 싸움을 해야 한다. 그러나 이 전투적인 모형은 당신이 가장 강한 적대자를 찾아서 그와 싸움을 하도록 요구하지 않는다. 이 모형에서 중요한 것은 당신이 누구와 싸우느냐 보다는 오히려 당신이 패배하지 않는 것이다.

그러나 이 방법의 철학하기에 있어 무엇이 그렇게 나쁜가? 왜 철학은 제임스(William James)의 표현을 사용하여 "도덕적으로 전쟁과 동등한 것"으로, 혹은 밀(John Stuart Mill)과 관련된 구로 바꾸어 "사상의 싸움터"라고 생각될 수 없는가?[11] 나는 이미 이 방법으로 철학하기에 수반되는 부당함을 지적하였다. 그러나 훨씬 더 중요한 문제는 이 방법의 철학하기가 참으로 정당화되는 철학적 견해에 도달할 수 있는 바로 그 가능성을 배제한다는 점이다. 만약에 철학을 하는 사람들이 항상 철학적 싸움에서 이기려 시도하고 철학적 전쟁에서 승리를 거둔 자로, 혹은 적어도 패배하지 않는 자로 나타난다면, 그들은 그들의 적대자의 견해에서 가치가 있는 것과 그들 자신의 견해로 구체화될 필요가 있는 것을 인정하는데 필요한 그들 적대자의 견해를 호의적으로 이해할 수가 없게 될 것이다. 만약 당신의 목표가 항상 철학적으로 승리하거나 혹은 어떻게 해서든지 철학적으로 패배하지 않는 것이라면, 철학적 견해들이 복잡하면, 그 견해들을 방어하기 위해 다른 사람들과 심지어 당신 자신을 속이도록 거의 언제나 당신의 견해의 여러 가지 요소를 재배열할 수 있을 것이며, 그렇게 하여 철학적 승리를 주장하거나 혹은 적어도 철학적 패배를 인정하지 않을 수 있을 것이다. 이런 이유로 전투적 모형의 철학하기는 당신의 철학적 견해들에서 필요한 개선을 어렵게 하며, 심지어 보다 나은 견해를 위하여 당신의 이전의 견해를 전적으로 포기하는 것조차 어렵게 한다. 그렇게 하여 그것은 당신이 참으로 정당화되는 철학적 견해를 가질 수 없게 만들기도 한다.

그러므로 한편으로 전투적 모형의 철학하기에 빠져든 철학자들

---

11) William James, *The Moral Equivalent of War*(Association for International Conciliation, 1910): John Stuart Mill, *On Liberty*(New York: Bobbs-Merrill, 1956)를 보라. "사상의 시장"이란 관용구는 밀의 작품과 관련이 있으나 놀랍게도 그 관용구는 그의 저서 속에는 나타나지 않으며, 실지에 있어 그가 실제로 보증한 견해와는 다소 차이가 있다. Jill Gordon, "John Stuart Mill and the 'Marketplace of Ideas'", *Social Theory and Practice 23*(1997)을 보라.

208

은 그들의 철학적 적대자에 대해 승리하려고 시도하며, 그들의 적
대자도 같은 모형에 빠져든다면, 공정하거나 비열하거나 간에 그
들이 할 수 있는 모든 방법으로 철학적 패배를 인정해야 하는 것
을 피하려 시도한다. 이 경우 이 경쟁에서 명확하고 부인할 수 없
는 철학적 승리가 거의 생겨나지 않는다는 것은 조금도 이상하지
않다.

그러나 왜 전투적 모형이 우리가 철학하는 모형이어야 하는가?
왜 우리는 보다 평화적이고 협동적인 모형을 가질 수 없는가? 왜
우리는 다른 사람들의 저서를 파괴하고 새롭게 건축하려 시도하
기보다 오히려 일치점을 찾고 다른 사람들의 저서 위에 증축하려
시도할 수 없는가? 왜 우리는 다른 사람들의 저서에서 의견이 일
치할 수 없는 어떤 해석을 찾기보다는 오히려 가장 유리한 해석을
찾으려 시도할 수 없는가?

몇 해 전 어느 여름에 나는 그들의 견해의 차이에 대해 잘 알려
진 두 사람의 철학자와 대화하고자 어느 일류 대학을 방문하였다.
이 철학자들 중 한 사람은 다른 철학자의 비판자로서 그의 명성을
획득했었다. 나는 먼저 그의 저서가 그의 동료에 의해 비판받아
온 철학자와 대화를 하였다. 나는 그에게 그의 비판자의 저서를
기억하고 내가 생각하기에 동료의 비평을 피하는 방법으로 그의
견해를 해석하는 데 어떤 이의가 있는지 물었다. 그는 그렇지 않
다고 말했다. 그 다음 날 나는 그의 동료에 대한 비판으로 유명해
진 철학자와 대화하면서(나는 그들이 서로 대화하지 않는다고 들
었다.[12]), 그에게 그의 동료가 그 전날 이 해석을 받아들였다고 말

---

12) 이런 일이 철학에서만 일어나는 것은 아니다. 뉴욕타임스(*The New York Times*)의 어느 기사에는, 둘 다 MIT에 근무하며, 상반되는 경제학적 견해로

하면서 그 동료의 저서에 대한 같은 해석에 이의가 있는지 물었다. 그는 그렇지 않다고 말했다. 그럼에도 불구하고 이 같은 철학자가 그의 동료의 저서에서 또 다른 해석을 비판하는 책―곧 그의 동료의 저서에 대한 보다 유리한 해석은 전혀 언급되지 않는 책―을 쓰는 데 골몰하고 있다는 것이 드러났다.

철학대회에서 논평자들은 대부분 변함없이 그들이 논평하고 있는 저서에는 그들이 동의하는 것이 많다고 말하면서 시작한다. 그러나 그들은 논평자로서의 역할에서, 그들과 견해를 달리하는 것에 초점을 맞추게 된다. 견해를 달리하는 것을 찾는 이 강요 때문에 논평자는 어떤 사람의 저서를 지나치게 단순화하고, 그것을 왜곡하며 혹은 그것을 호의적이지 않은 방법으로 해석하게 된다. 그리고 논평자들은 다르게 해석하는 전략을 이용할 수 있다. 그들은 어떤 사람의 저서가 함축하고 있는 것을 끌어내어, 그것을 다른 사람들의 저서와 비교하고, 그의 결론을 지지하는 추가적인 논증을 찾거나 그 결론에 있는 결점을 교정할 수 있다. 이와 같이 논평자들은 나무를 벌채하여 태우는 전략, 곧 상대의 저서를 훼손하는 전략을 억지로 채용하지 않을 수 있는 것이다.

철학대회에서 비판자에게 대답하면서 내 친구는 그녀의 저서가 잘못 해석되었다고 주장했다. 그녀의 비판자는 그 뒤에 쓴 저서에서 다른 사람들도 같은 오해를 할 수 있다고 주장하면서 그의 "오해"를 포기하기를 거절했다. 그래서 내 친구는 그 기록을 바로 잡

유명한 서로우(Lester Thurow)와 크루크먼(Paul Krugman)이 "얼굴을 마주 대하지 않으면서 저서에서, 대중 강연에서, 때로는 비록 날짜는 다르더라도 같은 MIT의 계단식 강의실에서 항상 공격하는 것으로…"(강조는 저자가 덧붙임) 전해지고 있다. *New York Times*, February 16, 1997.

210

기 위하여 그의 비판을 인쇄물로 대답할 기회를 기다려야 했다. 놀랄 것도 없이 내 친구는 다른 비판적인 전략을 더 좋아했다. 그녀는 그녀의 비판자가 그녀의 원문에서 있을 수 있는 오해에 직면할 때, 그녀가 의도했다고 주장하는 대로 그럴 듯하게 해석될 수 있는가 알아보기 위해 그 원문을 다시 검토하기를 원했으며, 만약 그렇게 해석될 수 있으면 그 비판자는 그 결과로서 어떤 비판에서 그녀가 좋아하는 해석을 채용해야 하는 것이다. 보다 공정한 것에 더하여, 어떤 사람의 저서를 평가할 때는 가장 중요한 문제점에 주의를 기울이는 것이 더 좋을 듯하다.

전문직에 종사하는 젊은 철학자들은 스스로 명성을 얻는 가장 빠른 길은 그 분야에서 "거물" 중의 한 사람 뒤를 쫓아다니며 그의[혹은 그녀의] 저서나 혹은 적어도 그 저서의 일부를 결정적으로 논박하려 시도하는 것이라고 배운다. 몇 가지 이유로 살아 있는 철학자들이 죽은 철학자들보다 더 많이 이 방법의 공격목표가 된다. 그것은 생존 철학자들 사이에 계층을 확립하게 하기 때문이다. 나의 박사학위 논문 지도교수인 베이어(Kurt Baier)는 그의 직업생활의 초기에 《도덕적 관점》(*The Moral Point of View*)이라는 책을 썼다. 그 책은 윤리학에서 현대의 고전이 되었다. 그러나 그 책이 출판되었을 당시에 비평가들은 베이어가 그의 견해를 제시하면서 만들었던 단 하나의 논리적 오류를 심하게 비난했다. 그 오류는 후에 명료하게 되었을 때에 그의 논증의 내용에 영향을 미치지 않았다. 그러나 그것이 다수의 철학자들이 "베이어의 논리적 과오"(Kurt Baier's 'Logical Lapse')와 "베이어의 논리적 과오에 관한 고찰"(Speculation on the Logical Lapse of Kurt Baier)과 같은 표제를 달고 서둘러 출판하는 것을 막지 못했다.[13] 확실히 "아

무개 저서의 논박"(A Refutation of So and So's Work)과 같은 표
제를 단 논문들이 미국철학연합대회에서 자리를 찾은 듯하다. 내
가 더 잘 알기 전에, 젊은 철학자로서 나 자신이 때때로 나 자신
의 저서가 미국철학연합대회에서 받아들여지게 하기 위하여 이
같은 전투적인 전략을 사용했던 것을 고백해야 하겠다.

　우리가 다른 사람들의 저서에서 가장 유리한 해석을 하도록 요
구하는 평화적이고 협동적인 모형의 철학하기를 채용한다고 가정
해 보자. 이렇게 하려면, 우리는 우리와 견해를 달리하는 사람들의
말을 주의하여 들어야 한다. 이제 사람들이 실제로 주장하는 견해
에 관심을 기울이기보다는 오히려 그 견해들의 가장 좋은 정식화
에 관심을 기울인다는 이의가 제기될 수 있겠다. 이것은 사실이다.
우리는 특수한 견해에 대한 가장 유리한 해석을 찾고 있다. 그럼
에도 불구하고 그 가장 유리한 해석에 도달하기 위하여, 실제로
특수한 견해를 주장하는 사람들의 말을 주의하여 듣는 것이 일반
적으로 필요하다. 왜냐하면 그들이 그 견해의 가장 유리한 해석이
무엇인가를 결정하는 좋은 위치에 있기 때문이다. 우리는 또한 우
리가 알지 못하는 견해를 가진 사람들과 접촉하여 그들을 이해하
려고 노력할 필요가 있다. 그러나 이것은 우리가 생각하는 것보다
행하기가 더 어려울 수 있다. 예를 들면 나의 다른 여자 친구가
최근에 미국 중서부의 일류대학 철학과에 논문을 제출하였다. 그
것은 실제로 그 학과에 제출된 여성주의를 취급한 첫번째 논문이
었다. 최근에 아이비리그[14] 대학 중 하나에서 박사학위를 받은 그

---

13) 우리는 이 논문들 중 다수를 철학연구(*Philosophical Studies*)의 1960년과
　　1961년 판에서 찾을 수 있다.
14) Ivy League는 미국 북동부의 오랜 전통을 지닌 8개의 명문대학(Harvard,

의 논평자는 거의 그의 논문만큼이나 긴 논평을 했다. 그 논평은 그의 논문 가운데 자유-복지에 관한 항목에 전적으로 초점을 맞춘 것이었다. 그 모임이 끝난 후에 그 논평자는 여성 대학원생으로부터 왜 그가 그녀의 논문에서 여성주의 부분에 대해 전혀 논평을 하지 않았는가를 질문 받았다. 그는 여성주의에 대하여 거의 모른다고 대답했다. 그래서 그는 그가 훨씬 많이 아는 것에 초점을 맞추는 것이 가장 좋다고 생각하였다. 외관상으로는 그 모임에 참석한 나머지 교수들도 똑같은 방법을 취했다. 왜냐하면 그들이 많은 질문을 했지만 그 질문은 그녀의 논문 가운데 자유-복지 항목에 너무나 전적으로 초점을 맞추었기 때문이다. 이것이 설명하는 것은 여성주의와 같은 도전적인 새로운 영역에 대하여 조사하는 철학자를 갖는 것이 매우 어렵다는 점이다. 내 친구가 그녀의 논문을 제출했던 그 학과는 이 점에서 특히 부족하였다. 왜냐하면 그 구성원들이 대체로 여성주의 철학에 대하여 모르면서도 그들은 그 주된 전문지식의 분야가 여성철학인 어떤 사람을 그들의 꽤 큰 학과에 임명하기를 거절하였기 때문이다.

더욱이 우리가 철학을 보다 평화적이고 협동적인 모험적 사업으로 만들 때까지, 그 직업에서 여성들의 수가, 적어도 미국에서는 수년동안 유지되어온 25% 이상을 넘어설 것 같지 않다.[15] 소녀와 여성들은 그들이 전투적인 방법에 매료되기보다는 학술적인 작업을 행하는 평화적이고 협동적인 방법에 더욱 매료된다는 상당한 증거가 있다.[16] 보다 공정하고 정당화된 신념이나 진리를 더 획득

Yale, Columbia, Princeton, Brown, Pennsylvania, Cornell, Dartmouth)을 지칭하는 말이다(옮긴이 주).
15) 미국철학연합회의 웹사이트의 직업에 관한 자료.

할 수 있는 가능성뿐만 아니라, 철학을 여자에게 더 우호적이게 만들 수 있는 가능성 때문에 우리는 보다 평화적이고 협동적인 방법의 철학하기에로 향하는 움직임을 더욱 중요하게 생각한다.

평화적 방법의 철학하기의 요구사항

우리는 이제 평화적 방법의 철학하기를 더 완전하게 특징지을 수 있다. 평화적 방법의 철학하기는 한편으로 가장 정당화되는 견해들이 무엇인가를 결정하려 추구하면서 다음과 같은 것을 보장하는 철학하기의 방법이다.

1. 그 중에서도 특히, 자신의 적대자의 견해에 가장 유리한 해석을 하는 공정성,
2. 도전적인 새로운 견해를 이해하기 위하여 손을 뻗는 개방성,
3. 만약 이용할 수 있는 증거의 중요성이 자신의 견해를 수정하거나 포기할 것을 요구하면 그 요구를 따르는 자기비판성.

이제 만약 가장 유리한 해석이 전투적 방법의 철학하기에 주어진다면, 전투적 방법의 철학하기도 또한 평화적 방법과 똑같은 바

---

16) Bernice R. Sander, "The Campus Climate Revisited: Chilly for Women Faculty, Administrators, and Graduate Students"(Washington, D. C.: Association of American Colleges, October 1986); Roberta Hall and Bernice Sander, "The Classroom Climate: A Chilly One for Women" (Ibid., October 1982); Hall and Sander, "Out of the Classroom: A Chilly Campus Climate for Women"(Ibid., October 1984).

람직한 특징을 개략적으로 결합하는 것으로 확인될 수 있다는 이의가 제기될 수 있겠다. 이와 같이 승리를 추구하면서, 전투적 방법의 철학하기가 다음과 같은 것을 요구하는 것으로 확인될 수 있다.

1. 그 중에서도 특히, 자신의 승리가 공정하고 정정당당하게 획득될 수 있도록 자신의 적대자의 견해에 가장 유리한 해석을 하는 공정성,
2. 상대로서 부족하지 않은 적대자가 없어서 승리가 획득되지 않도록 도전적인 새로운 견해를 이해하기 위하여 손을 뻗는 개방성,
3. 만약 이용할 수 있는 증거의 중요성이 패배를 인정할 것을 요구하면 그 요구를 따르는 자기비판성.

명백히, 이 방법으로 특징지어지는 전투적 방법의 철학하기는 실제적으로 그것의 평화적인 방법으로부터 구별할 수 없다. 이 설명에 따르면, 전투적 방법보다는 평화적 방법의 철학하기를 좋아할 좋은 이유가 있을 수 있다. 그것도 전투적 방법이 불행하게도 보통 이해되고 실천되듯, 그러한 추구가 포함하는 온갖 부당한 방법을 쓰고 또 속임수를 쓰며 이기려 하거나 혹은 패배를 피하려 하는 것으로 이해되고 실천될 때만 그렇다.

또한 평화적 방법으로 철학을 하려는 철학자들이 이 못마땅한 형식의 전투적 방법으로 철학을 하려는 철학자들과 맞서게 될 때, 그들이 무엇을 할 것으로 생각되는가의 문제가 있다. 명백히, 이 문제는 평화적인 국가 혹은 개인이 겉으로 보기에 호전적인 국가

혹은 개인과 맞서게 될 때, 그들이 무엇을 할 것으로 생각되는가의 문제와 유사하다. 그리고 놀랄 것도 없이, 각 경우에 그 대답도 마찬가지로 유사한 듯하다. 확실히 평화적인 철학자들은 평화적 방법의 철학하기를 방어할 수 있는 공정성, 개방성 그리고 자기비판성에 대한 그들의 보장을 포기하지 않아야 한다. 동시에 그들은 가장 잘 방어할 수 있는 철학적 견해를 획득하기 위한 방법으로서, 이 못마땅한 형식의 전투적 철학을 하려는 자들의 부당함과 속임수로부터 그들 자신을 정당하게 보호하며, 마찬가지로 이 전투적 방법의 철학하기의 부적당한 점을 드러내기 위하여 그들이 할 수 있는 모든 방법으로 노력할 수 있다. 말할 나위도 없이, 여러 가지 면에서 미래의 철학의 성공은 평화적인 철학자들이 이러한 노력에서 얼마나 성공한 것으로 드러나는가에 달려 있을 것이다. 내가 나 자신의 저서를 내놓는 과정에서 전투적 방법의 철학하기와 평화적 방법의 철학하기 사이의 대조를 처음으로 소개했을 때, 나는 독자들의 반응에 놀랐다. 그 까닭은 그런 경우에 질문과 논평이 한결같이 우호적이고 건설적이었기 때문이다. 나는 아무래도 제대로 생각을 전달하는 데 실패했다고 생각했다. 왜냐하면 나의 독자들 가운데 어느 누구도 단지 나의 중심적인 논증을 공격하려고 결심한 것 같지 않았기 때문이다. 심지어 같은 논증에 대해 상당히 비판적인 문제점을 지적한 사람들도 자주 그 비평이 충족될 수 있는 방법에 관한 제안을 함께 제시해주었다. 이 두 가지 대조적인 방법의 철학하기에 주의를 집중함으로써, 사람은 누구나 자신의 독자가 전투적 방법보다 오히려 평화적 방법으로 자신의 저서에 반응하도록 실제로 이끄는 것이 가능한가? 그것은 호기심을 자극할만한 일이다.

이것이 당신 자신에게 적용될 수 있는 방법을 생각해 보자. 당신이 다음과 같은 문제를 당신 자신에게 묻는다고 생각해 보자:

1. 당신은 그 책에 그 논증과 결론을 공정하게 평가하기 위하여 필요한 주목을 한적이 있는가?

2. 당신은 그 책에서 당신이 친숙하지 않은 주제나 혹은 당신과 견해를 달리하는 입장을 논하여 정보를 얻을 정도로 개방적이었는가?

3. 당신은 그 책의 논증이나 결론의 약간에 대해 이의가 있다는 것을 알았을 때, 당신 자신의 반대에 대답할 효과적인 방법을 발견하기 위해 노력했는가?

4. 마지막으로, 그러나 가장 중요한 것으로, 당신은 그 책의 논증이 억지로 생각을 바꾸게 한다면, 당신의 이전의 견해를 수정하거나 혹은 포기할 수 있다는 가능성을 받아들이며 그 책에 접근했는가?

명백히 당신이 이 모든 물음에 긍정적인 대답을 할 수 있기만 하면, 당신은 실제로 평화적 방법의 철학하기를 참으로 행할 수 있을 것이다.

확실히 어떤 저자가 독자에게 도전적인 질문을 제기함으로써 이와 같이 독자를 현장에 있게 하는 것은 드문 일이다. 그러나 만약에 못마땅한 전투적인 모형의 철학하기가 현대의 철학적 논의에 관해 현재 가지고 있는 위력을 상실하게 되면, 드문 조치가 취해져야 할 것이다. 이 입장에서 보면, 이 평화적 방법의 철학하기를 자기 자신의 저서를 읽는 데 적용하기 위하여 요구되는 것을 자신의 독자에게 알리는 것은 전혀 부적당하지 않은 것 같다. 실제로 어떤 저자가 이 평화적 방법의 철학하기를 행하려 하면, 그것은 바로 그가[혹은 그녀가] 현재 마땅히 행해야 하는 것이다.

참고문헌

Apple, Michael. *Official Knowledge*(New York: Routledge, 1993).

Arneson, Richard. "Feminism and Family Justice", *Public Affairs Quarterly* 11: 4, October 1997, 318~319면.

Attfield, Robin. *The Ethics of Environmental Concern*(New York: Columbia University Press, 1983).

Blau, Francine, and Ronald Ehrenberg, eds. *Gender and Family Issues in the Workplace*(New York: Russell Sage Foundation, 1997).

Booth, Annie, and Harvey Jacobs. "Ties that Bind: Native American Beliefs as a Foundation for Environmental Consciousness", *Environmental Ethics* 12(1990), 27~43면.

Brown, Dee. *Bury My Heart at Wounded Knee*(New York: Holt, 1970).

Callicott, Baird. "Animal Liberation: A Triangular Affair", *Environmental Ethics* 2(1980), 311~328면.

————. *In Defense of the Land Ethic*(Albany: State University Press of New York, 1989).

————. *Earth's Insights*(Berkeley: University of California Press, 1994).

Card, Claudia, ed. *Feminist Ethics*(Lawrence: University of Kansas Press, 1991).

—————. "Particular Justice and General Care", in *Controversies in Feminism, ed. James P. Sterba*(Lanham: Rowman and Littlefield, 2000).

Causey, Ann. "On the Morality of Hunting", *Environmental Ethics*(1989), 327~343면.

Charlton, Michael, and Anthony Moncrieff, *Many Reasons Why: The American Involvement in Vietnam*(New York: Hill and Wang, 1978).

Chodorow, Nancy. *Mothering: Psychoanalysis and the Sociology of Gender*(Berkeley: University of California Press, 1978).

Churchill, Ward. *The Struggle for the Land*(Monroe: Common Courage Press, 1993).

—————. *Indians Are Us?*(Monroe: Common Courage Press, 1994).

—————. "Perversions of Justice: A Native-American Examination of the Doctrine of U. S. Rights to Occupancy in North America", in *Ethics: Calssical Western Texts in Feminist and Multicultural Perspectives*, ed. James P. Sterba(New York: Oxford University Press, 2000), 401~418면.

Cima, Ronald, ed. *Vietnam: A Country Study*(Washington, D.C.: Library of Congress, 1987).

Cole, Eve Browning, and Susan Coultrap-McQuin, eds. *Exploration in Feminist Ethics*(Bloomington: Indiana University Press, 1992).

Cole, Susan, *Pornography and the Sex Crisis*(Toronto: Amanita, 1989).

Connell, Noreen. "Feminists and Families", *The Nation*(1986), 106~108면.

Coontz, Stephanie. *The Way We Never Were*(New York: Basic Books, 1992).

Cost, Quality and Child Outcomes Study Team. *Cost, Quality and Child Outcomes in Child Care Centers*, 2nd ed. (Denver: University of Colorado Press, 1995).

Costello, Cynthia, and Anne Stone. *The American Woman 1994~95*(New York: Norton, 1994).

Coverman, Shelley. "Women's Work is Never Done", in *Women: A Feminist Perspective*, 4th ed. ed. Jo Freeman(Mountain View, Calif.: Mayfield, 1989), 347~368면.

Cowan, Gloria. "Pornography: Conflict Among Feminists", in *Women*, edited by Jo Freeman, Fifth Edition. (Mountain View, Calif.: Mayfield, 1995), 347~364면.

Creel, H. G. *Confucius: The Man and the Myth*(Westport, Conn.: Greenwood Press, 1972).

Curtis, Edward. *Native American Wisdom*(Philadelphia: Temple University Press, 1993).

De Las Casas, Bartolome. *The Devastation of the Indies*, trans. Herma Briffault(Baltimore: Johns Hopkins University Press, 1974).

Dinnerstein, Dorothy. *The Mermaid and the Minotaur*(New York:

Harper and Row, 1977).

Drinnon, Richard. *Facing West: The Metaphysics of Indian Hating and Empire Building*(Minneapolis: University of Minnesota Press, 1980).

D'Souza, Dinesh. *Illiberal Education*(New York: Vintage Books, 1991).

Dworkin, Andrea. *Pornography: Men Possessing Women*(New York: Plume, 1989).

Dwyer, Susan. *The Problem fo Pornography*(Belmont, Wadsworth, 1995).

Etzioni, Amitai, *The Spirit of Community*(Crown, 1993).

England, Paula, ed. *Theory on Gender/Feminism on Theory* (New York: Aldine De Gruyter, 1993).

English, Deirdre. "Through the Glass Ceiling", *Mother Jones*, November 1992.

Faludi, Susan. *Backlash*(New York: Crown, 1988).

Ferguson, Ann. "Androgyny as an Ideal for Human Development", in *Feminism and Philosophy*, ed. Mary Vetterling-Braggin et al. (Totowa: Rowman and Littlefield, 1977), 45~69면.

Flynn, Eileen. *Cradled in Human Hands*(Kansas City: Sheed and Ward, 1991).

Fox, Russell. "Confucian and Communitarian Responses", *The Review of Politics*(1997), 561~592면.

Friedman, Monroe. "Kinder, Gentler, But Not So Zealous", *The Recorder*, August 23, 1995.

Garcia, John. "A Multicultural America: Living in a Sea of Diversity", in Dean Harris, *Multiculturalism from the Margins* (Westport, Conn.: Bergin and Garvey, 1995), 29~38면.

Gewirth, Alan. "The Non-Trivializability of Universalizability", *Australasian Journal of Philosophy*(1969), 123~131면.

Gilligan, Carol. *In a Different Voice*(Cambridge: Harvard University Press, 1982).

─────. "Moral Orientations and Moral Development", in *Women and Moral Theory*, ed. Eva Kittay and Diana Meyers (Totowa: Rowman and Littlefield, 1987).

Grimshaw, Jean. *Philosophy and Feminist Thinking*(Minneapolis: University of Minnesota Press, 1986).

Gruzalski, Bart. "The Case against Raising and Killing Animals for Food", in H. Miller and W. Williams, *Ethics and Animals* (Clifton N.J.: Humana Press, 1983), 251~263면.

Hargrove, Eugene. *Foundations of Environmental Ethics* (Englewood Cliffs: Prentice Hall, 1989).

Harr, Jonathan. *A Civil Action*(New York: Vintage Books, 1995).

Held, Virginia, ed. *Justice and Care*(Boulder: Westview, 1995).

─────. "Caring Relations and Principles of Justice", in *Controversies in Feminism*, ed. James P. Sterba(Lanham: Rowman and Littlefield, 2000).

Herring, George. "The Vietnam Analogy and the 'Lessons' of History", in *The Vietnam War as History*, ed. Elizabeth Errington and B. J. C. McKercher New York: Praeger, 1990),

224

3~15면.

Hersch, Joni, and Leslie Stratton. "Housework, Wages, and the Division of Housework Time for Employed Spouses", *AEA Papers and Proceedings* 84(1994), 120~125면.

Hughes, Donald. "Forest Indians: The Holy Occupation", *Environmental Review* 2(1977), 1~13면.

Jamieson, Dale. "Rights, Justice and Duties to Provide Assistance: A Critique of Regan's Theory of Rights", *Ethics* (1990), 349~362 면.

Johnson, Lawrence. *A Morally Deep World*(New York: Cambridge University Press, 1991).

─────. "Toward the Moral Considerability of Species and Ecosystems", *Environmental Ethics* 14(1992), 145~151면.

Kahin, George McT. "The Origins of U.S. Involvement in Vietnam", in *The Vietnam War as History*, ed. by Elizabeth Errington and B. J. C. McKercher, 57~72면.

Kalin, Jesse. "In Defense of Egoism", in *Morality and Rational Self-Interest*, ed. David Gauthier(Englewood Cliffs: Prentice-Hall, 1970), 73~74면.

Kamerman, Sheila. "Starting Right: What We Owe Our Children Under Three", *The American Prospect*, Winter 1991.

Karnow, Stanley. *Vietnam: A History*(New York: Viking, 1991).

Kaufman, Debra Renee. "Professional Women: How Real Are the Recent Gains?", in *Feminist Philosophies*, 2nd ed., ed. Janet A. Kourany, James P. Sterba and Rosemarie Tong(Upper Saddle

River: Prentice-Hall, 1999), 189~202면.

Koehn, Daryl. *Rethinking Feminist Ethics*(New York: Routledge, 1998).

Krech, Shepard, III. *The Ecological Indian*(New York: Norton, 1999).

Kymlicka, Will. *Contemporary Political Philosophy*(New York: Oxford University Press, 1990).

Lanham, Richard A. "The Extraordinary Convergence: Democracy, Technology, Theory and the University Curriculum", in *The Politics of Liberal Education*, 33~56면.

Lappe, Frances Moore, and Joseph Collins. *Food First*(Boston: Houghton Mifflin, 1977).

Lappe, Frances Moore. *Diet for a Small Planet*(New York: Ballantine Books, 1982) 69면.

―――. *World Hunger*(Grove Press, 1986).

Larrabee, Mary Jeanne. "Feminism and Parental Roles: Possibilities for Changes", *Journal of Social Philosophy* 14(1983), 16~22면.

Leopold, Aldo. *A Sand County Almanac*(Oxford: Oxford University Press, 1949).

Lindsey, Linda. *Gender Roles*(Englewood Cliffs: Prentice Hall, 1990).

Lloyd, Sharon. "Situating a Feminist Criticism of John Rawls's Political Liberalism", *Loyola of Los Angeles Law Review* 28(1995), 1338~1343면.

Lorbor, Judith. *Paradoxes of Gender*(New Haven: Yale University

Press, 1994).

Luce, R. Duncan, and Howard Raiffa. *Games and Decisions* (New York: John Wiley, 1967).

MacKinnon, Catharine. *Feminism Unmodified*(Cambridge: Harvard University Press, 1987).

————. *Pornography and Sexual Violence: Evidence of the Links*(London: Everywoman Ltd., 1988).

————. *Only Words*(Cambridge: Harvard University Press, 1993).

Manvell, Roger, and Heinrich Fraenkel. *The Incomparable Crime* (New York: Putnam, 1967).

Miller, G. Tyler Jr. *Living With the Environment*(Belmont: Wadsworth, 1990).

Modgil, Sohan, et al., eds. *Multicultural Education: The Interminable Debate*(London: Falmer Press, 1986).

Moen, Phyllis. *Woman's Two Roles*(New york: Auburn House, 1992).

Morgan, Edmund. *The Puritan Family*(New York: Harper and Row, 1966).

Moshoeshoe II. "Harmony with Nature and Indigenous African Culture", in *Ethics: Classical Western Texts in Feminist and Multicultural Perspectives*, ed. James P. Sterba(New York: Oxford University Press, 2000), 537~533면.

Moss, George. *Vietnam: An American Ordeal*, 3rd ed.(Upper Saddle River: Prentice-Hall, 1990).

————. A *Vietnam Reader*(Upper Saddle River: Prentice-Hall,

1991).

Moulton, Janice. "A Paradigm of Philosophy: The Adversary Method", in *Discovering Reality*, ed. by Sandra Harding and Merrill B. Hintikka(Dordrecht: Reidel, 1983), 149~164면.

Nelson, Hilde Lindemann, ed. *Feminism and Families*,(New York: Routledge, 1997).

Nodding, Nell. *Caring: A Feminine Approach to Ethics and Moral Education*(Berkeley: University of California Press, 1984).

Nussbaum, Martha. *Sex and Social Justice*(New York: Oxford University Press, 1998).

O'Brien, Sharon. *American Tribal Governments*(Norman: University of Oklahoma Press, 1989).

Okin, Susan. *Justice, Gender and the Family*(New York: Basic Books, 1989).

―――. "Feminism and Political Philosophy", *Philosophy in a Different Voice*, ed. Janet Kourany(Princeton: Princeton University Press, 1997), 116~144면.

Osanka, Franklin Mark, and Sara Lee Johann. *Sourcebook on Pornography*(New York: Lexington Books, 1989).

Pateman, Carole. "Feminist Critiques of the Public/Private Dichotomy", in S. I. Been and G. F. Gaus, eds., *Public and Private in Social Life*(New York: St. Martin's Press, 1983), 281~347면.

Platt, Anthony. *The Child Savers: The Invention of Delinquency* (Chicago: University of Chicago Press, 1969).

228

Platt, Mary Louise. "Humanities for the Future: Reflections on the Western Culture Debate at Stanford", in *The Politics of Liberal Education*, eds. Darryl Gless and Barbara Herrnstein Smith (Durham: Duke University Press, 1992), 13~31면.

Rawls, John. *A Theory of Justice*(Cambridge: Harvard University Press, 1971).

―――. *Political Liberalism*(New York: Columbia University Press, 1993).

―――. "The Idea of Public Reason Revisited", *University of Chicago Law Review*(1997), 787~794면.

Regan, Tom. The *Case for Animal Rights*(Berkeley: University of California Press, 1983).

Rogin, Michael Paul. *Fathers and Children: Andrew Jackson and the Subjugation of the American Indians*(New York: Knopf, 1975).

Rolston, Holmes. *Environmental Ethics*(Philadelphia: Temple University Press, 1988).

Russell, Diana, ed. *Making Violence Sexy*(New York: Teachers College Press, 1993).

Sagoff, Mark. "Animal Liberation and Environmental Ethics: Bad Marriage, Quick Divorce", *Osgood Hall Law Journal* 22(1984), 297~307면.

Sapontzis, S. F. Morals, *Reason and Animals*(Philadelphia: Temple University Press, 1987).

Searle, John. "The Storm over the University", *New York Review of*

Books, December 6, 1990.

Sheehan, Neil. *A Bright Shining Lie*(New York: Random House, 1988).

Sidel, Ruth. "Day Care: Do We Really Care?", in *Issues in Feminism*, ed. Sheila Ruth(Mountain View, Calif.: Mayfield, 1990), 336~345면.

Singer, Marcus. *Generalization in Ethics*(New York: Knopf, 1961).

Singer, Peter. *Animal Liberation*(New York: Avon, 1975).

―――. *Practical Ethics*(Cambridge: Cambridge University Press, 1979).

Stace, W. T. *The Concept of Morals*(New York: MacMillian, 1937).

Standing Bear, Luther. *Land of the Spotted Eagle*(Boston: Houghton Mifflin, 1933).

Stannard, David. *American Holocaust*(New York: Oxford University Press, 1992).

Steffen, Lloyd. "In Defense of Dominion", *Environmental Ethics* 14(1992), 63~80면.

Sterba, James P., "Ethical Egoism and Beyond", *Canadian Journal of Philosophy*(1979), 91~108면.

―――. *The Demands of Justice*(Notre Dame: University of Notre Dame Press, 1980).

―――. *How to Make People Just*(Totowa: Rowman and Littlefield, 1988).

―――. "Response to Nine Commentators", *Journal of Social Philosophy* 22(1991), 100~118면.

─────. "Reconciling Conceptions of Justice", in James P. Sterba et al., *Morality and Social Justice*(Lanham: Rowman and Littlefield, 1994), 1~38면.

─────. "Reconciling Anthropocentric and Nonanthropocentric Environmental Ethics", *Environmental Values*(1994), 229~244면.

─────. *Contemporary Social and Political Philosophy* (Belmont: Wadsworth, 1995).

─────. *Social and Political Philosophy: Classical Western Texts in Feminist and Multicultural Perspectives*, 2nd ed. (Belmont: Wadsworth, 1997).

─────. "A Biocentrist Fights Back", *Environmental Ethics* (Winter 1998), 361~376면.

─────. "Is Feminism Good for Men and Are Men Good for Feminism?", in Tom Digby, *Men Doing Feminism*(New York: Routledge, 1998), 291~304면.

─────. *Justice for Here and Now*(New York: Cambridge University Press, 1998)

─────. "Response to Five Commentators", *Journal of Social Philosophy* 30(1999), 424~437면.

─────. *Earth Ethics*, 2nd ed. (Upper Saddle River: Prentice-Hall, 2000).

─────. *Ethics: Classical Western Texts in Feminist and Multicultural Perspectives*(New York: Oxford University Press, 2000).

Stiffarm, Lenore, with Phil Lane, Jr. "The Demography of Native

North America", in *The State of Native America*, ed. Annette Jaimes(Boston: South End Press, 1992), 23~54면.

Stoltenberg, John. *Refusing to Be a Man: Essays on Sex and Justice*(Portland, Ore.: Breitenbush, 1989).

Sunstein, Cass. "Feminism and Legal Theory", *Harvard Law Review*(1988), 826~844면.

Tannen, Dehorah. *You Just Don't Understand*(New York: Ballantine Books, 1990).

────. *The Argument Culture*(New York: Basic Books, 1998).

Taylor, Paul. *Respect for Nature*(Princeton: Princeton University Press, 1987).

Taylor, Sandra. "Vietnam in the Beginning", *Reviews in American History*(1989), 308면.

Thorne, Barrie. *Rethinking the Family*(Boston: Northeastern University Press, 1992)

Valadez, Jorge. "Pre-Columbian Philosophical Perspectives", in *Ethics: Classical Western Texts in Feminist and Multicultural Perspectives*, ed. James P. Sterba(New York: Oxford University Press, 2000), 106~108면.

Valian, Virginia. *Why So Slow?* (Cambridge: MIT Press, 1998).

Walker, Beverly. "Psychology and Feminism—If You Can't Beat Them, Join Them", in *Men's Studies Modified*, ed. Dale Spender (Oxford: Pergamon Press, 1981), 111~124면.

Warren, Karen. "The Power and Promise of EcoFeminism", *Environmental Ethics* 12(1990), 121~146면.

Warren, Mary Ann. "The Rights of the Nonhuman World", in *Environmental Philosophy*, ed. Robert Elliot and Arran Gare (University Park: Penn State University Press, 1983), 109~134면.

──── . *Moral Status*(New York: Oxford University Press, 1997).

Weitzman, Lenore. *The Divorce Revolution: The Unexpected Social and Economic Consequences for Women and Children in America*(New York: Free Press, 1985).

White, Lynn. "The Historical Roots of Our Ecological Crisis", *Science* 155(1967), 1203~1207면.

Women's Action Coalition. *WAC Stats: the Facts about Women* (New York: New Press, 1993).

Wong, David. "Community, Diversity, and Confucianism", in *In The Company of Others*, ed. Nancy Snow(Lanham: Rowman and Littlefield, 1996), 17~37면.

Yablon, Charles. "Stupid Lawyer Tricks", *Columbia Law Review* (1996), 1618~1644면.

Young, Iris. "Humanism, Gynocentrism and Feminist Politics", *Woman's Studies International Forum* 8(1985), 173~183면.

찾아보기

234

236